子育てハッピーアドバイス 知っててよかった 小児科の巻

増補改訂版

小児科医
吉崎達郎

心療内科医・子育てカウンセラー
明橋大二 ほか

イラスト✽太田知子

1万年堂出版

はじめに

家庭でできることを正しく理解して ポジティブに乗り切りましょう

吉崎　達郎

「子どもを診《み》るのって、たいへんじゃないですか？　泣いてばかりで何もしゃべってくれないのに。よくわかりますね」

と、診察室《しんさつしつ》で聞かれることがあります。

「ええ、毎日子どもを診《み》ていると、次第にわかるようになってくるんですよ」

と答えていますが、ママたちの「わかる」と、医師の「わかる」は、少し違《ちが》うように思います。

医師は子どもの病名、病気の原因、よく効く

薬がすべて「わかる」と思っていらっしゃる方が多いのではないでしょうか。
実際のところは、クリアに説明できることばかりではありません。病名や原因は、時間をあけて何度か診察《しんさつ》しないとわからないケースもありますし、結局よくわからなかった（けれど治った、元気になった）、ということだってあります。

診察室《しんさつしつ》で、医師がまず判断するのは、子どもの重症度《じゅうしょうど》です。

機嫌《きげん》はよいか、周囲の大人や物に関心を示すか、呼吸状態は安定しているか、顔色はいいか、といったことを素早くチェックします。
次に、水分や睡眠《すいみん》は取れているか、嘔吐《おうと》はないか、発熱はいつから続いているかなど、家庭での様子も大切な情報です。

軽いと判断したら、薬はほとんど出さないかもしれません。検査もしないかもしれません。それでも病気はチャンと治ります。

よくある病気の大部分は、
子どもが自分の力で治しているからです。

（もちろん、重いと判断した場合は、徹底的《てっていてき》に原因を突《つ》き止《と》めながら、適切な治療《ちりょう》を行っていきます）

病状の重い子どもと、軽い子どもの違《ちが》いが「わかる」のが医師の重要なスキルです。これは経験が物を言います。ママやパパも、慣れないうちは医師に頼《たよ》るしかないのですが、毎日子どもの様子をよく観察していれば、「わかる」ようになるときがフッとやってきます。

家庭で、子どもの病気や体の変化に直面したとき、診察《しんさつ》を受ければ医師に詳《くわ》しく聞いて安心もできるでしょうが、いつでもすぐに受診《じゅしん》できるわけではありません。インターネットで調べることもできますが、ママやパパがまず知っておくべき情報には、案外たどり着けず、かえって不安が大きくなる場合さえあります。

そんなとき、**「知っててよかった！」**と思える大切なことを一冊の本にしました。

ママやパパの大切な役目は、子どもの「自分で治す力」を引き出し、できるだけ楽に過ごせる環境《かんきょう》を整えることです。残念ながら病気やケガを避《さ》けて通ること

熱は高いけど
食欲もあるし
機嫌もいいし
心配ないわよね

はできませんが、本書とともに、ポジティブに乗り切っていただきたいものです。

「子どもって、こんなに素晴らしい力を持っていたんだ!」という驚《おどろ》きと感動の一助になることを願ってやみません。

増補改訂版《ぞうほかいていばん》を発刊するにあたり、加筆・修正した部分もありますが、「子育ては親育て」「生まれてくれてありがとう」を、次の世代にバトンタッチで伝えることが、この本の変わらぬアイデンティティーだと思います。

正しい知識を身につければ、病気になっても、あわてずに済みます

明橋　大二

毎日、読者の皆《みな》さんから寄せられる、『子育てハッピーアドバイス』の愛読者カードは、すでに8万通になっています。そこには、現代の親御《おやご》さんたちが直面する子育ての悩《なや》み、不安がすべて映し出されている、といっても過言ではありません。

それを読ませていただいているうちに、気がついたことがありました。

今の親御《おやご》さんが不安に思うのは、子どもの心の問題だけではない。体の病気についても、同じくらい、不安を感じ、悩《なや》んでいるのだ、ということでした。

最近は、「コンビニ受診《じゅしん》」などと呼ばれ、24時間営業の感覚で、親が子どもを夜中に病院に連れてくる、といわれます。

そんなことをするから、小児科医が疲《つか》れ果《は》てて、病院を離《はな》れたり、小児科が閉鎖《へいさ》になったりするんだ、といわれます。

確かに、時間をわきまえない、非常識な人もあるでしょう。しかし私は、その一方で、**夜中に子どもが熱を出した、どうしていいかわからない、このまま取り返しのつかないことになったらどうしよう、と不安で不安で、**それで夜中に病院に来る人も決して少なくないことを知っています。

「この程度の症状《しょうじょう》で、夜中に病院に連れてこないでください。病院はコンビニと違《ちが》うんです」と露骨《ろこつ》に言われて傷ついたという親御《おやご》さんを何人も知っています。

しかし、様子を見ていたら様子を見ていたで、「どうしてこんなになるまで放《ほう》っておいたんですか！」と責められるのもまた親なのです。

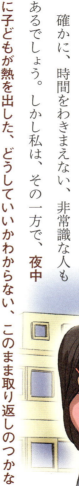

病院にも確かにプレッシャーがかかっているかもしれませんが、親御《おやご》さんは、それ以上のプレッシャーの中で毎日闘《たたか》っているのです。

夜中に病院に連れてくるのは、親が不安だからです。それならば、ただ夜中の受診《じゅしん》を問題にするのではなく、まず正しい知識を伝えて、親御《おやご》さんに安心と自信を持たせることが必要ではないでしょうか。

かねてからのこういう思いを、同僚《どうりょう》の吉崎医師に話をしたところ、とても共感してくれ、さらに各診療科《かくしんりょうか》の医師も協力してくれることになり、できあがったのが、この本です。

吉崎医師は、私と同じく、現場で患者《かんじゃ》さんと接しています。その中で、親御《おやご》さんに知ってもらいたいこと、伝えておきたいことのエッセンスが、この本には書かれています。

正しい知識を身につけ、病気になったときにあわてず乗り切る対策が、たくさん書かれています。

この本が、親御《おやご》さんの気持ちを少し楽にし、
それが子どもの笑顔《えがお》につながり、
みんなの幸せになる、
そのささやかな一助になるといいなと思います。

もくじ

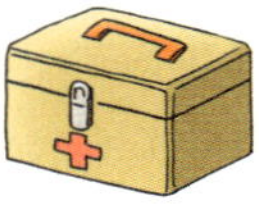

飲んで
飲んで
麦茶
イオン
MILK

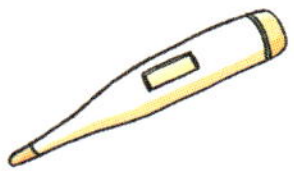

症状別 セキ

症状別 鼻水

もくじ

んく
んく

もくじ

知っててよかった！ 小児科の悩みQ＆A

Q&A

次はいろいろな診療科をご案内します。「もっと知りたい！」に答えるよ

もくじ

耳鼻科

アトピー性皮膚炎は
お任せください!!
ゴホッ
ドーンッ

もくじ

歯科

もくじ

眼科

知っててよかった
＊1＊

風邪を引くたびに子どもは強くなる

「まだ小さいのに、こんなに風邪《かぜ》を引くものなんですか？」

1歳前後のお子さんを持つママから、尋《たず》ねられることがあります。

確かに、生まれてしばらくは、赤ちゃんはママからもらった抗体《こうたい》*に守られています。でも、その抗体《こうたい》の寿命《じゅみょう》は数カ月ですので、初めてのお誕生日を迎《むか》える前になくなってしまいます。赤ちゃんは、ウイルスや細菌《さいきん》*と闘《たたか》う力が、まだ強くありません。ですから「小さいのに風邪《かぜ》を引く」というより**「小さい子ほど風邪《かぜ》を引く」**と言ったほうが、この場合は正しいのです。

集団生活を始めると、保護者には悪夢のような日々が待ち構えています。風邪《かぜ》が治って保育所に預けると、すぐに別の風邪《かぜ》をもらってきて（正しくは別のウイルスをもらってきて）数日お休み。この繰《く》り返《かえ》しです。だから、初めは満足に保育所に預けられないことが多いんですよね。仕事を休みづらい中、ママは本当にがんばっておられます。でも、大丈《だいじょう》

＊抗体……ウイルスや細菌から体を守る力を持つ。胎盤や母乳を通して母から子へ送られる。ママは、ママが赤ちゃんのころからいろんなウイルスや細菌と闘い、作って蓄えてきた抗体を、わが子に贈る。
＊ウイルスや細菌……風邪の原因。いろいろな種類のウイルスや細菌が存在する。

夫《ぶ》ですよ。**何度も風邪《かぜ》を引くうちに、いろいろな抗体《こうたい》を作れるようになった子どもは、少しずつ闘《たたか》う力がアップしていきます。**3歳を過ぎれば風邪《かぜ》を引きにくくなるので、それまでのガマン、ですね。

3日後――
全快ダー
わっしょい
わっしょい
先生！ おはようございますっ
待ってたわよー
ほほほ
仕事ダー
メラ
メラ
よーしまたバリバリ働くぞー
RRR
保育園です。熱が出てきました
ずるっ
また？
たしか先週も休んでたよね
ペコペコ
すみませんすみません
3日後――
やっと治りました～
今回は腸炎で母もダメージ大
フラ～
ま、まあ大丈夫《だいじょうぶ》？
ジリ……
さあ仕事仕事
ヨロ……
RRR
ビクッ
ひぃぃぃぃっ
保育園です。元気ないと思って測ったら、また熱が……
こんなもんなの～
ヒュールリ～
もしもし？もしもしー
こんなもんですよ
つらすぎますーっ

知ってて
よかった
2

発熱はワルモノじゃない！

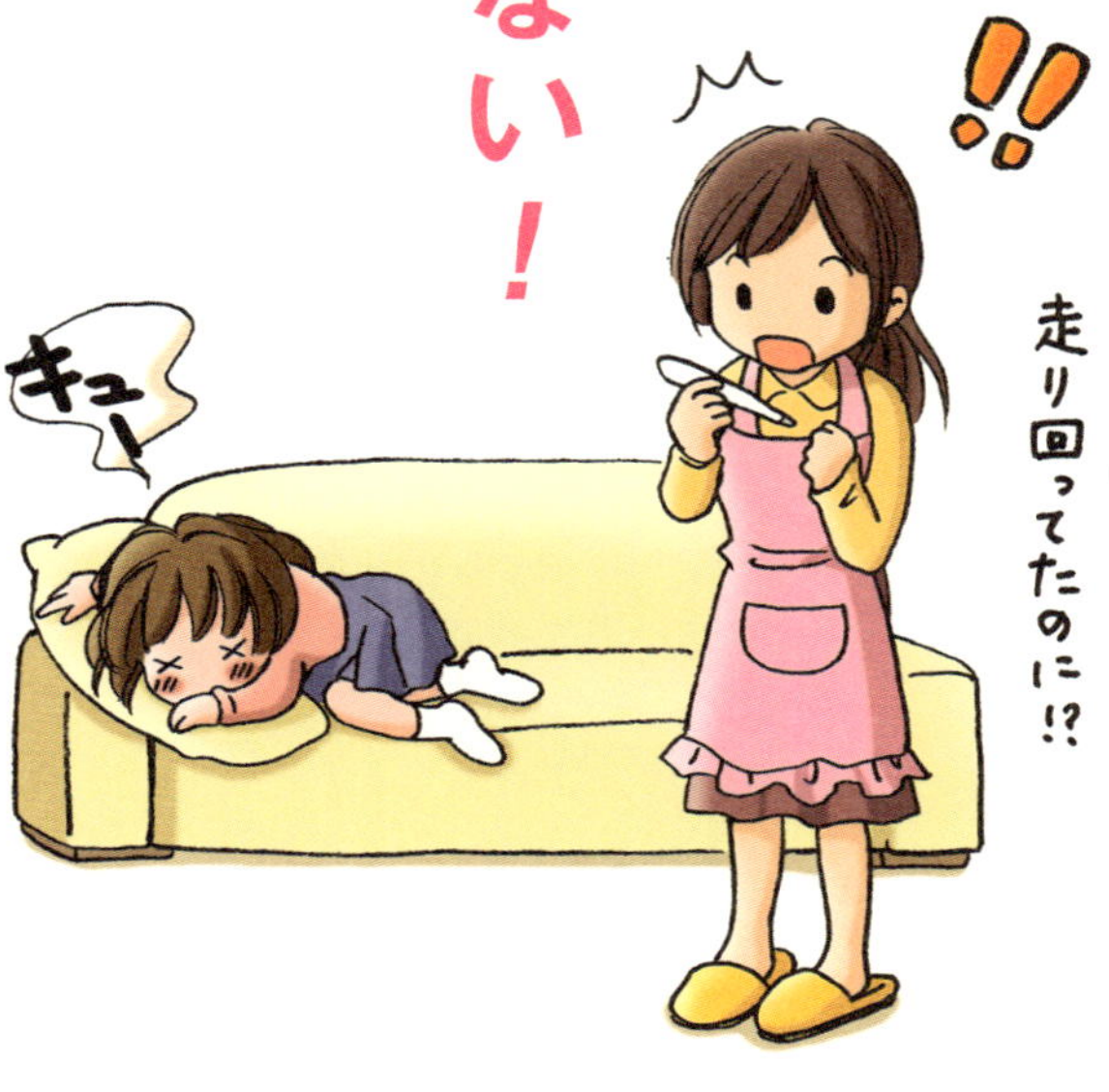
キュー
さっきまで走り回ってたのに!?

子どもは突然《とつぜん》、熱を出します。

「そういえば、昨日からキゲンがよくなかったわ」と後になって気づくこともありますが、「さっきまで元気に遊んでいたのに！」と驚《おどろ》くことのほうが多いんですね。しかも、大人ではありえないくらいの高熱が出るのですから、あわててしまいますよね。

子どもの発熱は、ほとんどのケースでウイルスや細菌《さいきん》が関係しています。発熱と聞くと「ワルモノ」のように思いがちですが、実は、**ウイルスや細菌《さいきん》と有利に闘《たたか》うために、体がわざと体温を上げているんです。**

夕方に熱が出始め、翌朝になってようやく熱が下がったかと思うと、午後からまた上がってくる。これも、よくあることです。単なる風邪《かぜ》でも、2、3日は熱が続くものなので、あわてることはありません。

熱が出たときにいちばん心配なのは、「高熱で頭がおかしくなってしまうのでは？」ということでしょう。確かに、高熱でぐったりしているお子さんを見ると、脳までやられてしまう気持ちになるのもわかります。しかし、**40度が数日続いても、発熱で脳がやられたり、後遺症《こういしょう》が残ったりすることはありません。**ご心配でしょうが、高温の車内に放置して熱中症《ねっちゅうしょう》になったのでなければ、高熱が出ても大丈夫《だいじょうぶ》ですよ。

また、**熱の高さと病気の重さは関係がありません。**高熱が出たからといって、必ずしも重病ではないということです。

何か様子が変じゃない？
すっ
すごい熱!!
40度3分!?
はあっはあっ
どうしようっすごく苦しそう
えぇっ！ さっきまであんなに元気だったじゃないか
こんなに高い熱だと脳がやられちゃうって知り合いが――
落ち着けっ
落ち着けっ
ああー―っ死なないでー―
わーどうすれば
ぐるぐる
落ち着け自分!!
もしもし、本当に落ち着いて
小さい子どもだと40度の熱が出ることは、よくあることなんですよ
でも高い熱だから頭がおかしくなるなんてことはないですからね
よ、よかった
闘いやすくするために体温を上げるぞー!!
メラメラ
がんばれー
ウイルスと闘《たたか》うために体がわざと体温を上げているんです。
熱の高さと病気の重さは関係ないですからご心配なく

知っててよかった 3

セキや鼻水、嘔吐や下痢も体の防衛反応

発熱がウイルスや細菌《さいきん》から身を守る防衛反応《ぼうえいはんのう》であるように、セキや鼻水、嘔吐《おうと》や下痢《げり》などの症状《しょうじょう》も、それらを体の外に出そうとする防衛反応《ぼうえいはんのう》と見ることができます。**症状《しょうじょう》自体がワルモノなのではありません。悪いのはウイルスや細菌《さいきん》なのです。**

私が大学病院に勤務していたころ、ユーモアのある入院患者《にゅういんかんじゃ》さんがいました。病室の入り口に、「ウイルスや細菌《さいきん》などの小さい方々の入室はご遠慮《えんりょ》ください」という貼《は》り紙《がみ》をしていたのです。彼女は抗《こう》がん剤治療《ざいちりょう》のために体の抵抗力《ていこうりょく》が落ちているので、ウイルスや細《さい》菌《きん》に感染しないように、いつも気を遣《つか》われていました。ウイルスや細菌《さいきん》は、いつ部屋《へや》に入ってきて、いつ出ていったのかわかりません。部屋《へや》からつまみ出すこともできません。小さくて目で見ることができないからです。だから、貼《は》り紙《がみ》でお願いするしかなかったのでしょう。

目に見える症状《しょうじょう》（セキや鼻水、嘔吐《おうと》や下痢《げり》など）はワルモノではありませんが、そのせいで体力を大きく消耗《しょうもう》してしまうことがあります。食事や睡眠《すいみん》を妨《さまた》げることだってあります。そんなときは、解熱剤《げねつざい》で熱を下げたり、部屋《へや》を加湿《かしつ》してセキを抑《おさ》えたり、鼻水を吸い取って呼吸を楽にしたり、しばらく飲食を控《ひか》えて吐《は》くのを避《さ》ける、といったケアが大切なのです。

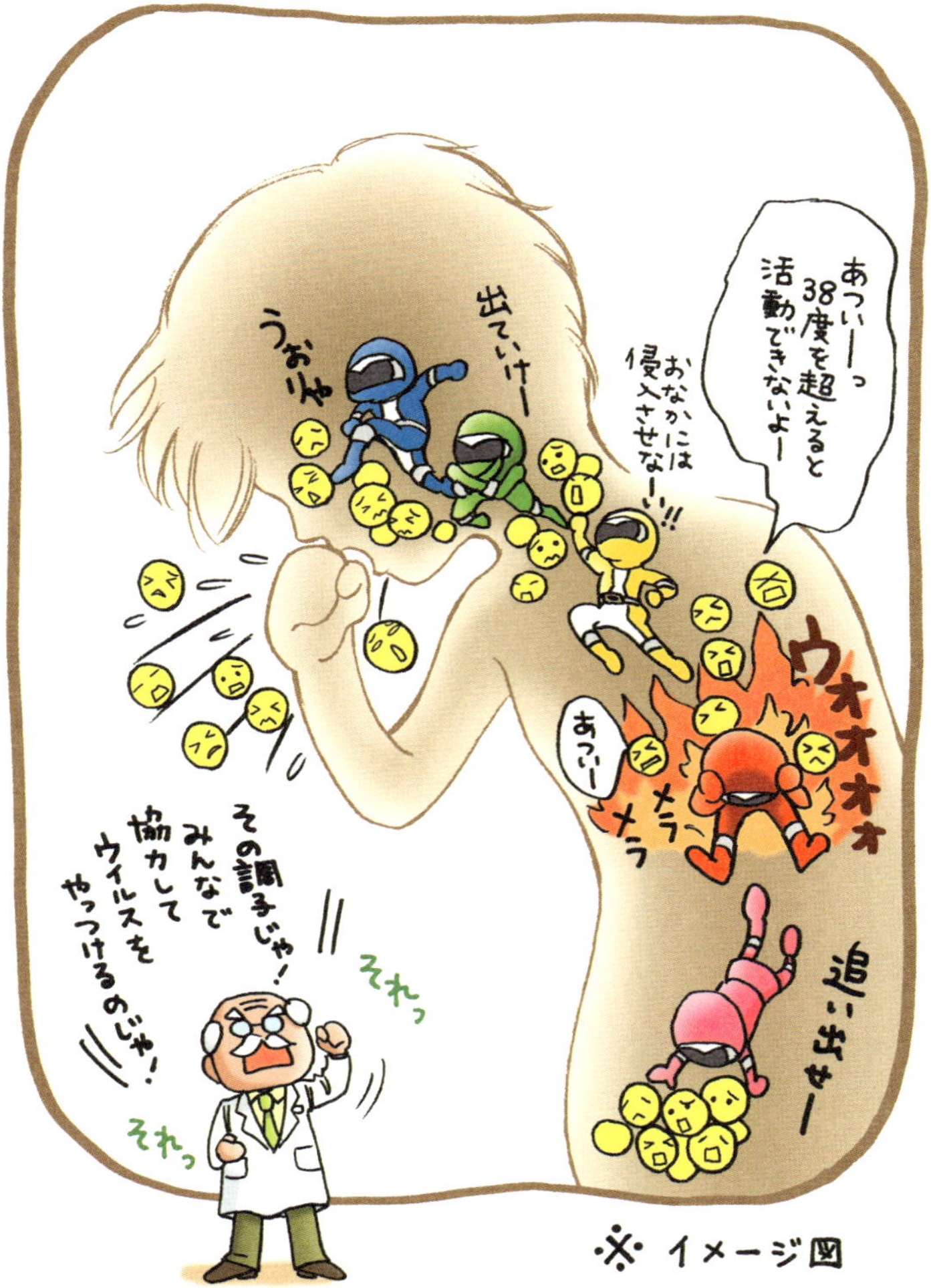

あつい――っ 38度を超えると活動できないよー
おなかには侵入させなーい!!
出ていけー
うおりゃ
ウオオオオォ
あつい―
メラメラ
追い出せー
その調子じゃ！ みんなで協力してウイルスをやっつけるのじゃ！
それっ
それっ

※イメージ図

知ってて
よかった
4

病気を治しているのは、クスリ？

「セキや鼻水は防衛反応《ぼうえいはんのう》」と聞いても、「でも、セキや鼻水が出たら、薬でキチンと治さないといけないんじゃないの？」という疑問の声が出てきそうです。

「そうそう、ひどくならないうちに早く病院に行って、薬をもらわないと……」と賛同する親御《おやご》さんも多いと思います。

ここでまず知っておいていただきたいのは、**セキ止め・鼻水止め・タン切りなど（病院で処方される風邪薬《かぜぐすり》のこと）は、風邪《かぜ》そのものを治したり、治るまでの期間を短縮するものではない**ということです。風邪薬《かぜぐすり》といっても、風邪《かぜ》を治す薬ではありません。セキ・鼻水・タンなどの症状《しょうじょう》を抑《おさ》えるものなんです。

海外と比べ、日本では何かと薬に頼《たよ》るといいますか、薬に過剰《かじょう》に期待する傾向《けいこう》が強いようです。大人には仕事や家事があるので、薬をのんででもがんばらなければならない（一時でも症状《しょうじょう》を抑《おさ》えねばならない）ときがありますが、小さい子どもは、家でゆっくり寝《ね》かせるのがいちばんです。寝《ね》ないで動き回るのは、元気な証拠《しょうこ》です。

多くの小児科医が言います。**「自分たちが、子どもを治しているのではない。治ろうとする子どもの力（自然治癒力《しぜんちゆりょく》）を、少し手助けしているだけなんだ」**と。これは、「自然《しぜん》治癒力《ちゆりょく》」対「薬の力」＝9対1といったところでしょう。

しかし、多くの親御《おやご》さんは、「自然治癒力《しぜんちゆりょく》」対「薬の力」＝1対9と思っているのではないでしょうか。中には、0対10と思っているのではないかと見受けられる人さえあります。医師が回復の手助けとして、ママやパパを安心させるつもりで出したのを、「薬をのまなければ風邪《かぜ》は治らない（『自然治癒力《しぜんちゆりょく》』対『薬の力』＝0対10）」と、固く思《おも》い込《こ》んでしまうところに、医師と保護者のギャップがあるのだと感じます。

もちろんこれはしかたのないことで、ママやパパ自身、幼いころには「お薬をのまないと治らないのよ」と親から言われ、風邪《かぜ》のときは、あの独特の甘《あま》さのシロップ薬をのんで育ってこられたからだと思います。

最近は薬の安全性と有効性に対する考え方が厳しくなり、薬局・薬店で販売《はんばい》されている風邪薬《かぜぐすり》には、「2歳未満には、医師の診察《しんさつ》を優先し、やむをえない場合のみ服用させること」と記すように、厚生労働省から製薬企業《せいやくきぎょう》に指示が出されました。

イギリスやオーストラリアなど、海外では、小さな子どもに服用させないように勧告《かんこく》を出している国さえあります。

ですから、**子どもに薬をのませるのは慎重《しんちょう》になったほうがいいんですね。**ママも**「鼻水があるから鼻水を止める薬」「セキが出るからセキを止める薬」**というものではないことを、ぜひ知っていただきたいと思います。

私たちはマモルンジャー
お子さんの体を守っています!
はじめまして!私はセキ、グリーン!!
ボク鼻水ブルー!
私たちの働きを止めないでくださーい
とうっ
でも、こんなに小さい子がせき込《こ》んでいると心配だわ
何も心配することはありません!!
ゴホゴホ
セキをするのは、気道の侵入者《しんにゅうしゃ》を体の外に追い出しているからです!
正常な働きを薬で止めることは、体にとって不利なんです!!
ボクもがんばってるよ!
がんばるほどいやがられるけど
えっ? それじゃあセキや鼻水は止めないほうがいいってこと?
そうです! セキや鼻水で侵入者《しんにゅうしゃ》を外に出さないと体がのっとられてしまいます!
ボクたちのことが気になるでしょうが、しばらくソッとしておいてください
そ、そうだったのね……
ボクたちいい人!
うりゃーっやるぞー!!
たいへん!!熱も出てきたわっ
やっぱり病院で風邪《かぜ》薬《くすり》をもらわないと!
おおレッド!
風邪薬下さーい

風邪《かぜ》を引いたときに処方される薬は
セキ止め 鼻水止め 解熱剤《げねつざい》 などです
うおー
止めてくれるなー
あれ?
風邪《かぜ》を治す薬は……?
風邪《かぜ》そのものに効く風邪《かぜ》の薬はないんですね
えーーっ風邪を治す薬ってないんですかー
ですからこれらの薬をのんでも、風邪《かぜ》が治ったり、治るまでの期間が短くなったりすることはありません
症状を抑えるだけ
そうだったんですかー!!
思わずスタンドアップ
しかも、小さいお子さんは、薬をのむデメリットのほうが大きいので、無理にのませないほうがいいんですよ。大人とは違《ちが》います
風邪薬ってこんなもんです
ぱくぱく
言葉がない
小児科は薬をもらうために行く所だと思っていたけど……
重い病気のサインがないかチェックするところという感じで理解してください
実は子どもが自分で治しているんです。子どもの力を信じてネ!
クスリをのんだから風邪が治ってたわけじゃなかったんだー
な、なんか楽になったーー

知ってて
よかった
5

子どもはスゴイ回復力を持っている

子どものケアで大切なことは、子どもの自然治癒力《しぜんちゆりょく》を信じることです。「自然治癒《しぜんちゆ》」と聞くと、「なるべく薬を使わずに治す」という、1つの治療《ちりょう》の考え方のように思っている人がいます。しかし、そうではありません。自然に治ってしまうということです。

病気で苦しむ子の姿を見た親は、何とかその苦しみを取ってやりたいと思います。中には、早く元気になってほしいと願うあまり、「たくさん食べさせて、体力をつけさせないと」とがんばる親御《おやご》さんもいらっしゃいます。

でも、ちょっと待ってください。体調が悪いとき、ママやパパはいつもと同じように食事を取りますか？　あまり食べないのではありませんか？　無理して食べるのはつらいこと。子どもだって同じです。また、**たくさん食べたから早く治るというものでもありません。**こんなときは栄養のことはおいておいて、子どもの好きな物、食べやすい物を与《あた》えてください。欲しがるだけの量でじゅうぶんです。何も食べなかったとしても、栄養の蓄《たくわ》えがあるので、水分が取れていれば大丈夫《だいじょうぶ》です。

子どもは急に高熱を出したり、症状《しょうじょう》がひどくなったりしますが、元気になるのも早いんです。子どもはスゴイ回復力を持っていますから、数日もすれば食べる量は戻《もど》っていきますよ。

よーし、夕飯こそは!!
リベンジに燃える
そうだっ
便が緩《ゆる》かったから
キャベツのスープにしよう!!
ゴォォォ
そうと決まれば
買い物に
GO!
ビョオオオ
ズル
ちょ、ちょっと待って!
食欲のないときは、
無理して
食べさせなくても
いいんですよ
あら、吉崎センセ
だぁ
でも、
こんなときこそ
栄養のある物を
食べさせなきゃ、
元気にならないわ
栄養のことは
元気になってから
ですよ。今は蓄《たくわ》え
があるから大丈夫《だいじょうぶ》
BU!
食事は子どもの
欲しがる物だけで
じゅうぶんです。
それよりも、
水分を取ることだけは
注意してくださいね
ハイ
こんな物しか
食べてくれない
けど……
これじゃ
おやつだわ
あーん
それで
いいんですよ

知っててよかった
6

病気の見通しを知り、安心して子どものケアを

確かに子どもにはスゴイ回復力がありますが、周囲の人たちのサポートは欠かせません。中でも、ママやパパの役割は大きいのです。

ところが残念なことには、「早く治ってほしい」の思いがあっても、何が子どもにとっていちばんよいのかがわかりません。このままでよいのか、それとも何かしなければならないのか。それがわからないから不安になるのです。

このあと、どういう症《しょう》状《じょう》が出て、熱は何日くらい続いて、水分が取れていれば家で休ませていて大《だい》丈《じょう》夫《ぶ》、などということがわかれば、安心できると思います。

5日ほど高熱が続く病気であることがあらかじめわかっていれば、3日たって熱が下がらなくても、「どうして熱が下がらないの？」と心配になることもありません。ママやパパが安心していれば、子どもも安心して休むことができます。これからたどる病状のコースを知るのは、とても大切なことです。

一般《いっぱん》的《てき》な風《か》邪《ぜ》のたどるコースを、次のページに示します。

元 気

ウイルスが
鼻（口）
から入る

まだ元気

ウイルスが
体の中で
増殖《ぞうしょく》する

何かヘン

体温の
設定変更《せっていへんこう》
→発熱

一般的《いっぱんてき》な
風邪《かぜ》のたどる
コースを知って、
余裕《よゆう》を持って
乗り切ってください

解 熱 ◀ **熱い しんどい** ◀ **悪 寒**

通常２、３日後

食欲が落ちる

冷やす

熱が上がり切る

汗《あせ》や呼吸の蒸気によって、水分がどんどん失われています。水分補給に注意してください

温める

小刻みに筋肉を動かす（収縮する）ことで、熱を発生する
→体温急《きゅう》上《じょう》昇《しょう》

あらまぁ 39度!
ぽ〜
もう病院は閉まってるし、どうしよう
救急外来に連れていくか
風邪《かぜ》ですね
薬を出しておきましょう。明日またかかりつけの小児科に行ってくださいね
次の日——
もう下がってる
昨日救急外来に行ってよかったな
安心……
じゃあ行ってくるよ
行ってらっしゃい

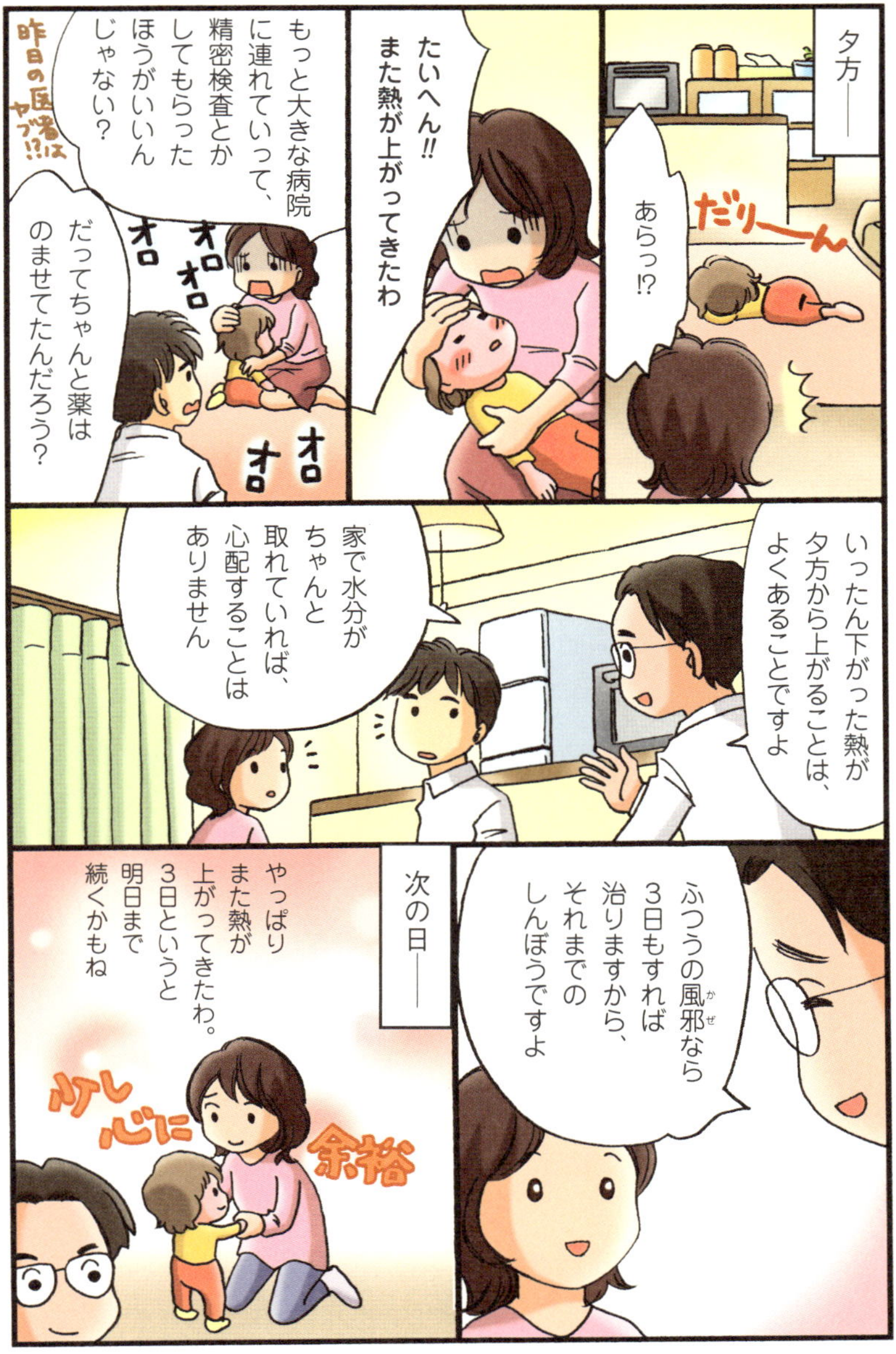

夕方――
あらっ!?
だりーん
たいへん!! また熱が上がってきたわ
もっと大きな病院に連れていって、精密検査とかしてもらったほうがいいんじゃない?
昨日の医者はヤブ!?
オロオロオロオロオロ
だってちゃんと薬はのませてたんだろう?
いったん下がった熱が夕方から上がることは、よくあることですよ
家で水分がちゃんと取れていれば、心配することはありません
ふつうの風邪《かぜ》なら3日もすれば治りますから、それまでのしんぼうですよ
次の日――
やっぱりまた熱が上がってきたわ。3日というと明日まで続くかもね
少し心に余裕

知ってて
よかった
7

ホームケアのキーワードは、「水」

子どものケアで大事なことが、もう1つあります。

それは**「体に水の潤《うるお》いを与《あた》えること」**です。

キーワードは、「水」です。

熱が出たときも、セキが止まらないときも、鼻水が多いときも、下痢《げり》がひどいときも、お通じで困ったときも、お肌《はだ》のトラブルに悩《なや》まされるときも、やけどをしたときも、転んで擦《す》りむいたときも、**カギは「どれだけ水をうまく使うか」です。決して「薬をのませること」ではありません。**※

これから発熱、セキ・鼻水、嘔吐《おうと》、下痢《げり》の症状《しょうじょう》ごとに具体的なケアを見ていきたいと思います。

いいきもち
体に水の潤いを……

※医師が処方した薬は、指示どおりにのませてください。

コラム

ヒトは水でできている

人間の体は、ほとんどが水でできています。ふつうに生活をしていても、発汗《はっかん》や呼吸で気づかないうちに体の水分が失われていきます。ですから、毎日飲んだり、食べたりして水を補給し、過剰《かじょう》に取り入れた水は尿《にょう》として排出《はいしゅつ》しているのです。

激しい運動や病気で体の水が2~3パーセント※失われると、のどの渇《かわ》きという注意報が出され、4~5パーセント※失われると、疲労《ひろう》感《かん》・脱力感《だつりょくかん》・頭痛・めまいといった警報が出

されます。水の変化に体は敏感《びんかん》に反応《はんのう》して、体の水を一定に保とうとしているのです。

ヒトは水なしには生きていけません。体温を一定に保つのは水の役割です。肺で酸素を取り入れて二酸化炭素を出すにも、栄養や酸素を体のすみずみまで運ぶにも、消化吸収を助け、新陳代謝《しんちんたいしゃ》を活発にし、老廃物《ろうはいぶつ》を体の外に出すにも、水は欠かせない物だからです。

※体重に対するパーセンテージ。体重50キログラムの人なら、2～3パーセントは、500ミリリットルのペットボトル2～3本分の水。

体のどんな場所に侵入した敵とも闘う、リーダー的存在。

ハデに闘うので、周りの人をハラハラさせることがよくある。

朝に弱いので、昼寝のあとから夕方に元気になる。

発熱は、ウイルスや細菌と闘っている証拠

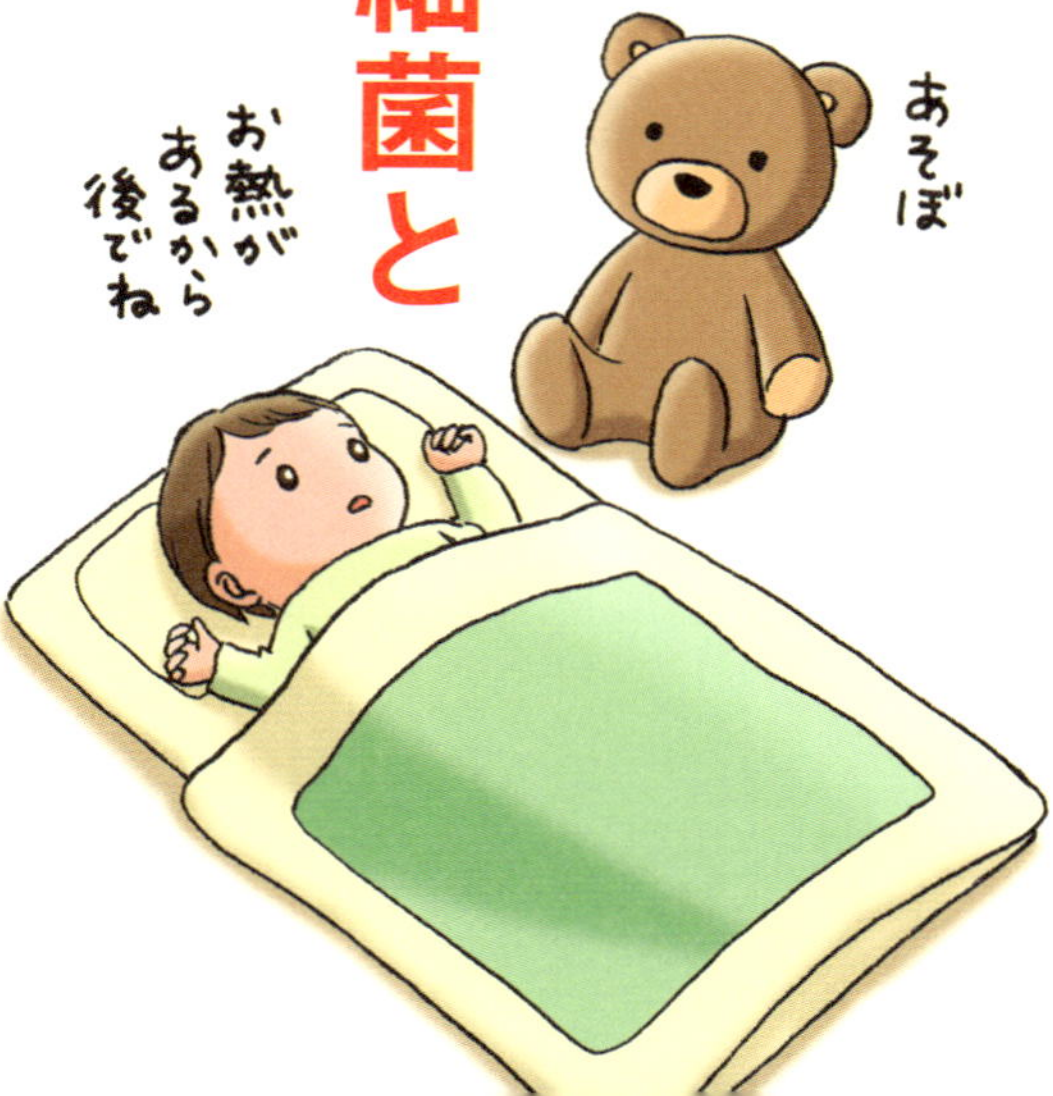
あそぼ
お熱があるから後でね

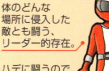

熱が出ても、あわてないで

小児科を受診《じゅしん》される理由でいちばん多いのが「発熱」です。ママやパパを不安にさせる、子どもの症状《しょうじょう》の代表格ですが、実は、発熱はワルモノではなく、病気の原因（ウイルスや細菌《さいきん》）と有利に闘《たたか》うための防衛反応《ぼうえいはんのう》なんです。人間が快適に活動できる体温は、実はウイルスや細菌《さいきん》にとっても居心地《いごこち》のよい温度。体温が上がると、ウイルスや細菌《さいきん》も活動しにくくなります。また逆に、体温の上昇《じょうしょう》とともに、免疫細胞《めんえきさいぼう》は活性化されるので、体温が高いほうが、体にとっては都合がよいのです。**ウイルスや細菌《さいきん》と闘《たたか》うために、脳が指令を出して、体温を上げている**のだということがわかれば、少しは心が楽になるのではないかと思います。

2歳ごろまでは、37・5度未満は平熱です（38・0度以上が発熱で、37・5~37・9度はグレーゾーン）。入浴・哺乳《ほにゅう》・食

発熱の目安

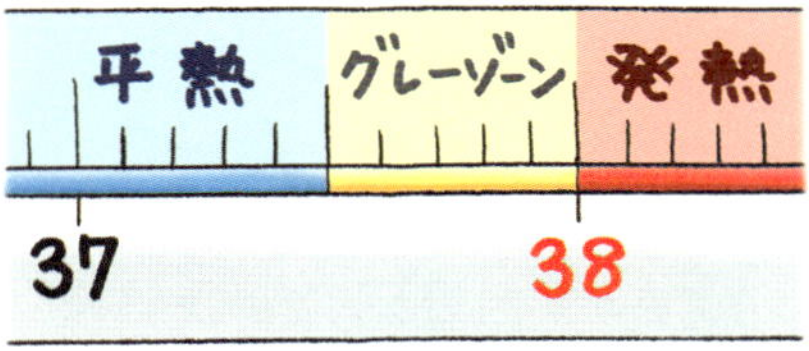

（体温計）

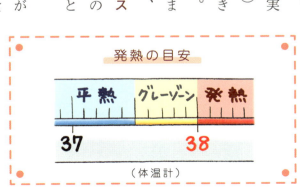

事の直後や、泣いたり、体をよく動かして遊んだりしたあとは、体温が高くなっています。37度台でもあわてず、落ち着いてからもう一度、体温を測りましょう。

子どもは40度を超えることがあります

子どもの発熱が大人と違《ちが》うのは、体温が高くなりやすい点です。時には40度を超《こ》えるので、体温計を見ただけで気が遠くなってしまうかもしれません。大人で40度を超《こ》えることなんて、まずありませんよね。なぜ、こんな違《ちが》いが出るのでしょう。

それは、子どもは体温の調節機能が未熟だからだといわれています。成長して、調節機能が成熟すると、高熱

眠くなった
子どもは
あったかい
ほわわん
かっくん

を出すこともなくなります。

急いで受診すべきか迷ったときは……

「発熱はワルモノではない」とわかっていても、しんどそうな子どもを見ると、どうしても心配になります。すぐに受診《じゅしん》すべきか、翌朝まで家で休ませたほうがいいのか、迷う場面は本当に多いですよね。受診《じゅしん》するとなると、待ち時間や、「別の病気をもらうのでは？」という不安も出てきます。

目安は、生後3カ月を過ぎていて、機嫌《きげん》がよければ、熱が出ても急ぐ必要はありません。

「機嫌《きげん》がよければ」とは、「『食べる（飲む）・寝《ね》る・遊ぶ』がだいたいふだんどおりできていれば」ということです。だれが言い始めたのかわかりませんが、急いで受診《じゅしん》するかどうか判断するポイントをうまく表していると思います。

赤ちゃんは調子が悪くなると、母乳やミルクを飲む量が減ります。寝《ね》つきが悪くなった

子どもは体温の調節機能が未熟なので、すぐに高熱になります

り、グズって途中《とちゅう》で目覚めたりします。周りの大人やおもちゃに関心を示さなくなり、手足の動き、泣き方がおとなしくなります。赤ちゃんは正直です。大人のようにつらいのをガマンして笑顔《えがお》を作ったり、バリバリ動き回ったりするようなことはありません。そういう点では、とても理解しやすい存在なのです。

「生後3カ月未満の発熱は、特に注意を！」とよくいわれるのは、生まれて3カ月の間は、特に「抵抗力《ていこうりょく》が弱い＝防衛反応《ぼうえいはんのう》が弱い＝症状《しょうじょう》が出にくい」ので、病気の始まりには、発熱以外の症状《しょうじょう》がなく、機嫌《きげん》がよいことがあります。「食べる（飲む）・寝《ね》る・遊ぶ」だけでは判断材料が少ないので、慎重《しんちょう》を期して、急いで受診《じゅしん》することが勧《すす》められるのです。必ずしも重い病気ではないので、むやみに心配する必要はありません。

最後に、**ママの「何かしらふだんと様子が違《ちが》う」という直感も大切にしてほしい**ですね。「日ごろからわが子の体調に心を配り、わずかな変化にも気づく親の観察力は、時として小児科医より優れていることがある」といわれているくらいですから。「急いで受診《じゅしん》したけど、何でもなかった」ということもあるでしょうが、何事も失敗を重ねて上達していくのです。そういう受診《じゅしん》なら、「大いにけっこう！」と言いたいですね。

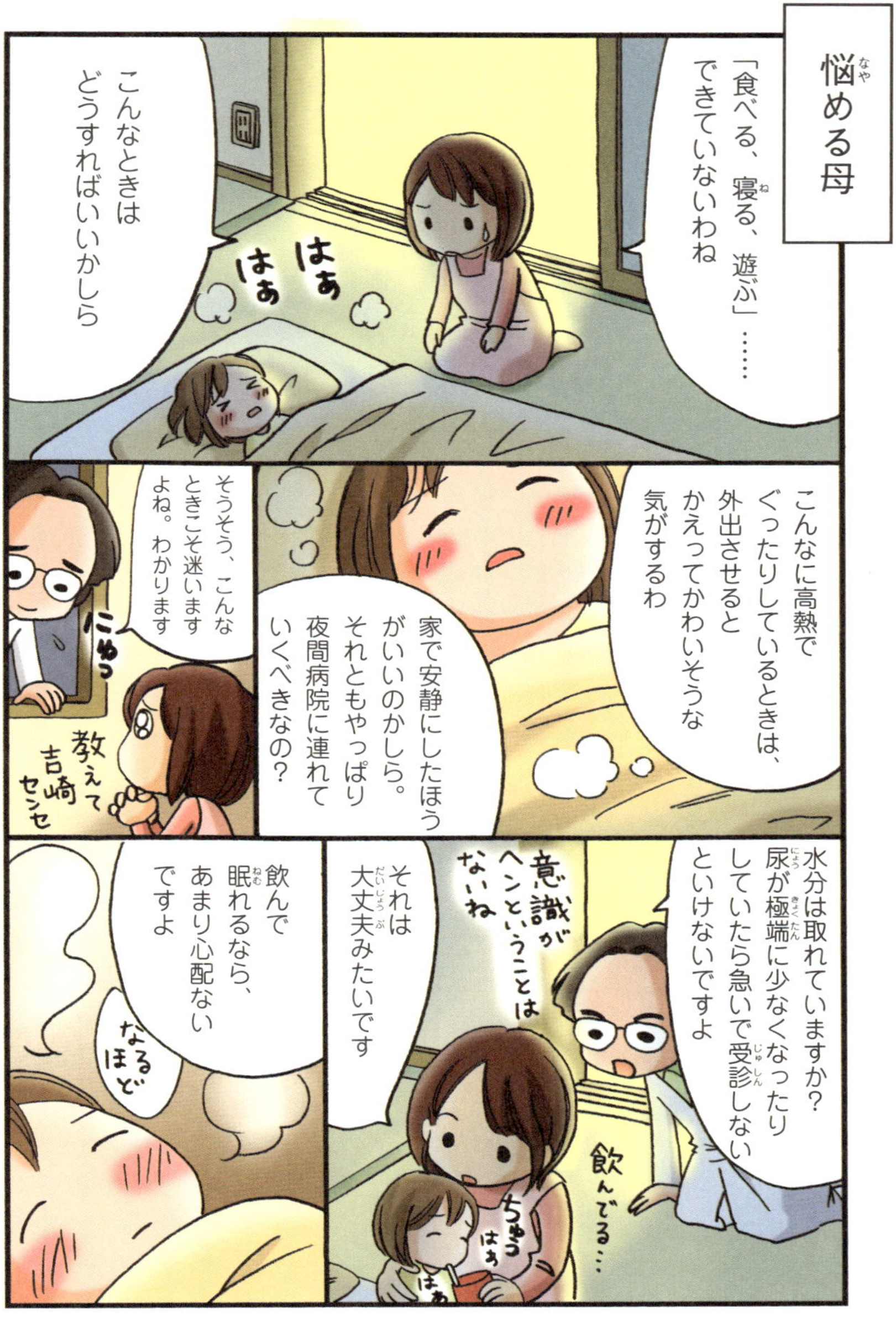
悩《なや》める母
「食べる、寝《ね》る、遊ぶ」……できていないわね
はぁ はぁ
こんなときはどうすればいいかしら
こんなに高熱でぐったりしているときは、外出させるとかえってかわいそうな気がするわ
家で安静にしたほうがいいのかしら。それともやっぱり夜間病院に連れていくべきなの？
そうそう、こんなときこそ迷いますよね。わかります
にゅっ
教えて吉崎センセ
水分は取れていますか？尿《にょう》が極端《きょくたん》に少なくなったりしていたら急いで受診《じゅしん》しないといけないですよ
意識がヘンということはないね
それは大丈夫《だいじょうぶ》みたいです
飲んでる…
ちゅう
はぁ
はぁ
飲んで眠《ねむ》れるなら、あまり心配ないですよ
なるほど

夜中の発熱は多くの人が迷うところですが、すぐに連れていけば早く治る、とは限らないんですよ
もちろん、連れていかなかったら治らないということもないし
えっそうなの？
迷ったら、ご自分が熱が出たときのことを想像してはいかがでしょう。
つらいときは自宅で安静にして、少し落ち着いてから病院へ行きませんか
子どものこととなると心配なんですよね
確かに！
自分だったら夜中に病院へ行こうなんて思わないわ
言われてみたらそうよね……
やっぱり心配なんですね。そんなに心配されるくらいなら行ったほうがいいですよ
まずはお母さんの心配事を解決しなきゃ安心して看病できませんからね
お父さんもいます!!
はじめまして！
よし、決めた！
連れ出すのはかわいそうだけど、変な病気だといけないから行く!!
それがいいです
わかった！準備してくる
風邪《かぜ》でしょう
水分をこまめに与《あた》えてください
やっぱりふつうの風邪《かぜ》なんだ
ほっ
安心

「自分だけで判断するのは不安……」というママには、
こんな電話相談やサイトがあります。

子ども医療電話相談事業

夜間や休日などの診療時間外に病院を受診するかどうか、判断の目安を提供しています。

＃8000 通話料のみで相談できます。

・全国で実施されています。
・相談できる時間帯は、各都道府県によって違いますので、「子ども医療電話相談事業」サイトを確認してください。

・携帯電話からでもつながります。
・プッシュ回線でない（#が使えない）場合は、別の番号が用意されています。

ウェブサイト　こどもの救急

（厚生労働省研究班／公益社団法人日本小児科学会　監修）

対象年齢　生後１カ月〜６歳

解熱剤で病気は治りません

解熱剤《げねつざい》を使わなくても、キチンと病気は治ります。ですから、解熱剤《げねつざい》を使う必要はないんです。でも、解熱剤《げねつざい》の効果が出て熱が下がっている間は、少し楽になって水分や睡眠《すいみん》が取れることがあります。それを期待して使うのはよいと思います。

「高熱が続くと、頭がおかしくなるのでは？」と思って熱を下げようとする人がありますが、その心配はないですよ。前にも述べましたように、40度程度の高熱でも、脳はダメージを受けないことが知られています。よく脳が侵《おか》されると恐《おそ》れられている〝髄膜炎《ずいまくえん》〟※も、決して熱が原因なのではありません。細菌《さいきん》が髄膜《ずいまく》に入って起こる、風邪《かぜ》とはまったく違《ちが》う病気です。

発熱は防衛反応《ぼうえいはんのう》ですから、薬で抑《おさ》えるとかえって治りが遅《おそ》くなるおそれがあります。また、病気が治って熱が下がったのと、薬で発熱を抑《おさ》えたのは、区別ができません。病気が治っていないのに、治ったと勘違《かんちが》いすることもあるでしょう。単なる風邪《かぜ》なら問題にならないのですが、万が一、重い病気だった場合は、たいへんなことになってしまいます。火災報知機がウルサイからといってスイッチを切ったら、火災が広がって大惨事《だいさんじ》になってしまうのと同じです。

また、**解熱剤《げねつざい》の効果は一時的なものです。効果が切れるとまた体温が上がってきますが、病状が悪化してのことではありませんので、心配しないでください。**発熱は通常、2、3日は続くものです。体温を上げる力が解熱剤《げねつざい》の力より強いと、ほとんど解熱《げねつ》効果《こうか》が得られませんし、平熱まで下がらないこともあります。幼児は高熱でも走り回っていることがあります。元気そうなら、解熱剤《げねつざい》は使わないようにしましょう。

※細菌性髄膜炎の予防は、ヒブワクチンと小児用肺炎球菌ワクチンです。肺炎球菌ワクチンは、肺炎だけでなく、肺炎球菌による髄膜炎も予防します。生後２カ月から受け始めます。

急に熱が出たときに起こすけいれん

熱性けいれんは、急に高熱が出たときに起こります。さっきまで元気に走り回っていた子どもが、突然《とつぜん》けいれんを起こすのです。けいれんを起こして初めて発熱に気づくこともあります。防ぎようのないことですから、「子どもにけいれんを起こさせてしまった！」と、自分を責める必要はありませんよ。

また、「けいれんを起こすのは特別な病気を持ったごく一部の子どもだけ」と思っている人がありますが、**日本人は約7〜8パーセントが熱性けいれんを経験するといわれており、ごくありふれた病気なんです。**

特に初めてけいれんを見たときは、だれしもあわててしまうものですが、熱性けいれんは通常、5分以内に治まります。また、命にかかわる病気ではありませんので、落ち着いて子どもの様子を見ましょう。舌をかんだりするなどと思われるかもしれませんが、そんなことはありません（白目をむいていたり、口から泡《あわ》を吹《ふ》いてよだれが垂れていたり、口元がピクピク動いていたり、腕《うで》や足がリズミカルに動いていたりと、さまざまです。詳《くわ》しい対処は309ページの「応急手当て」を見てください）。
けいれんが5分以上続く場合や、けいれんが止まっても意識がハッキリしない、視線が合わない、様子がおかしいときは、急いで医師の診察《しんさつ》を受け、熱性けいれんか他の病気かを区別する必要があります。救急車を呼んだほうがよいでしょう。

命にかかわる病気ではないので、落ち着いて様子を見ましょう

風邪のとき、お風呂に入れていいって、本当？

「お風呂《ふろ》に入れて汗《あせ》をかかせなさい」と言う人もいれば、「やめておきなさい」と言う人もいる。どちらを信じればよいのか、困ってしまいますよね。

お風呂《ふろ》に入れても風邪《かぜ》が悪化することはありませんし、お風呂《ふろ》に入れて汗《あせ》をかかせると風邪《かぜ》が早く治るということもありません。ですから、子どもがお風呂《ふろ》に入りたがるかどうかで決めていいんです。ただ、お風呂《ふろ》に入れる場合、熱いお湯や、長いお風呂《ふろ》には注意してください。熱がこもってしんどくなりますし、たくさん汗《あせ》をかき、体の大切な水分まで失われることになります。

お風呂《ふろ》に入れない場合は、汗《あせ》が気持ち悪いなら、軽くシャワーで流してもよいですし（今度は体が冷えないように気をつけて！）おしぼりでふくという手もあります。

「お風呂《ふろ》はダメ」というのは、自宅にお風呂《ふろ》がなく、銭湯に行く人が多かった時代の名残《なごり》だとか。銭湯帰りに湯冷《ゆざ》めしてしまうというワケです。

また、「汗《あせ》をかかせて治しなさい」という根深い誤りは、「汗《あせ》をかくのは体にいい」という固い思《おも》い込《こ》みから出ているのでしょう。確かに、元気なときにフィットネスで汗《あせ》を流せば爽快《そうかい》ですが、風邪《かぜ》のときに無理やり汗《あせ》を流し

ても、よいことは何もありません。それどころか、体から多くの水が失われるので、病気の身に追い打ちをかけることになります。体には、「風邪《かぜ》が治って平熱に戻《もど》るときに汗《あせ》をかく」という自然現象があります。体温を高く保つ必要がなくなったので、汗《あせ》で熱を体外に逃《に》がす仕組みが働くのです。**風邪《かぜ》が治ったから汗《あせ》が出たのであって、汗《あせ》をかくと風邪《かぜ》が治るのではありません。**汗《あせ》をかくところだけマネをして風邪《かぜ》を治そうとしても、無理な話ですね。

どんな種類の感染症でも、「発熱」のホームケアは同じ

いろいろな感染症《かんせんしょう》がありますが、同じ症状《しょうじょう》には、ケアも同じでOKです。例えば、**インフルエンザで熱が出た場合も、溶連菌感染症《ようれんきんかんせんしょう》で熱が出た場合も、発熱へのケアは変わりません。**何の病気かわからなければ、何もできないということはありません。

お、おかしいと思ったら熱が40度!?
見たことのない数字!
ぐったり
お父さん！早く熱を下げるようなモノ！とにかく何か買ってきて!!
よっしゃ!
だしっ
熱を下げるようなモノ?
高熱でぐったりしていると、早く熱を下げて楽にしてやりたくなるのが親心ですが
応援してください
今、お子さんの体は敵と闘《たたか》っている真っ最中なんですよ。高熱になるのは、ウイルスが増えないようにするためなんです
じゃあ、無理に熱を下げる必要はないってこと?
そのとおり
ピンポン
ただいまーっ
おーい、何かわからんから、いろいろ買ってきたぞー
じーっ
解熱剤《げねつざい》を使えば、確かに熱は下がりますが、病気が治るということではありません
早く下げたい
熱
に効く
むしろ熱が下がればその間ウイルスが有利になりますから、これは一時的でも体を楽にしてやりたいときに使いましょう
なるほど
ダレですか

それじゃあ私たちはこの子に何をしてやればいいんでしょうか
ホームケアのポイントは、子どもが過ごしやすくすることです
氷枕《こおりまくら》にすれば気持ちいいですし
氷
冷却シート
冷却《れいきゃく》シートも気持ちいいですよね
ぴたっとナ！
ひえひえ〜
ちなみにこれは熱を下げるためのものじゃないんですよ
ノーン！
そうだったのか
パパ
食べないでね
ゼリーはおいしいからオッケー♪
はっ
ううっ
はぁ
なんだかいよいよつらそうになってきましたね
はぁはぁ

やっぱり解熱剤《げねつざい》を
使ったほうがいいんじゃない？
こんなにつらそうな姿
見ていられないもの
でも、ウイルスと闘《たたか》う
ためには、高熱のほうが
有利なんだし……
でもでも、
こんなに苦しそう
解熱剤《げねつざい》を使ったら治りが
遅《おそ》くなるかもしれないし……
どうしよう、
どうしよう……
はっ
ぽん
そんなに神経質に
ならなくて
いいんですよ
使った
使わないと
いうことは、
それほど
大きな問題でも
ないんです
お母さんの感覚が
きっと正解ですよ
じゃ私はこれで
自分の感覚を信じてネ！
ちゃっ
肩の力が抜けました〜
翌朝——
元気になってるー
でも熱
まだある……
外で遊んで
くるーっ

何言ってるの
えーー
熱があるんだから、布団で休んでなきゃダメでしょう
やだっ行く
あっこら
待て
待てーー
やだー
ドタバタ
遊ぶーー!
ぎゅうっ
休んでろー
もしもし
注 コレはダメです
あら、まあ おほほ
この年ごろの子は、熱があってもジッとしていられないんでしょうね
ぎゃーぎゃー
じたばた
遊びたいと思うくらい元気なんですから、ほぼ健康体じゃないですか
安心していいですよ
でも子どもは夕方から熱が上がることが多いので、すぐ家に入れるようにするとか
ママの目の届く範囲《はんい》なら大丈夫《だいじょうぶ》ですよ
はい
3日後――
全快
ぺかーっ
よかった……
そうだよね風邪なんだから治るよね
あ〜疲《つか》れた。とりあえず次からは肩《かた》の力抜《ぬ》こ
38度
ぐったり
かーちゃん、おねつあったー
こんどは弟かーっ コラー そんなに走っちゃダメー
お母さんは心配せずにいられないものなんですね
母に感謝……

●子どもが気持ちよく過ごせるようにするのがポイント。

熱の上がり始め

保温

衣服・布団をかけるなど

熱が上がり切る

保温は終了

本人が気持ちよさそうなら、氷枕や冷却シートを使ってもよい

㊟ 冷却シートがはがれて口や鼻をふさぎ、窒息することがあります。
特に乳児に使う際は、じゅうぶん注意してください。

●水分補給はこまめに、食事は「子どもが好む物を与《あた》える」のが基本です。

●熱があるからといって、特別に体を冷やしたり、厚着で汗《あせ》をかかせたりする必要はありません。汗《あせ》をかきすぎると、脱水《だっすい》の心配が出てきます。

×とにかく温めて汗をかかせる

○寒いと言えば温かくし、暑いと言えば涼しくする。水分補給も忘れずに

セキは、肺を守る番人

気道に侵入した敵と闘う。

コンコン、ゴホゴホ、ケンケン、いろいろな姿で登場する。

朝と夜に主に活躍する。

さっきまで爆睡していたかと思ったら、急に目を覚まして騒ぎたてる。しかし、すぐに再び深い眠りに入る。

敵をやっつけたあとも、現場に残っていつまでも騒ぐことがある。

せき止めのんでがんばるか
いろいろたいへんなんだね

セキには「加湿・保温・水分補給」

小さい子のセキは、見ているママにとってもつらく、一刻も早く止めてやりたいと思うものです。でも、セキは鼻から吸《す》い込《こ》んだホコリ、ダニ、タバコの煙《けむり》、ウイルスや細菌《さいきん》などから肺を守ろうとする、体の反応《はんのう》なのです。タンや、誤ってのみ込《こ》んで気道に詰《つ》まりかけた物を、外へ出そうとする働きもあります。もしセキをすることができない人がいるとすれば、その人はたちまち呼吸困難に陥《おちい》ってしまうことでしょう。

とはいっても、「せき込《こ》んで、せっかくのミルクを吐《は》いた」とか、「ようやく眠《ねむ》りかけたのに、セキが苦しそうで起きてしまった」ということはよくあり、やはりママたちの嫌《きら》われ者であることに変わりはありません。ただ、**セキがこじれて肺炎《はいえん》やぜんそくになることはありません**ので、そこは心配しなくて大丈夫《だいじょうぶ》ですよ。あわてず急がず、回復を助けるカギ「加湿《かしつ》・保温・水分補給」で乗り切りましょう。

ゲホッ
ゴホッ
ゴホ
だっ大丈夫《だいじょうぶ》!?
ああっ
ゴホッ
ガホッ
ゴホッ
子どものセキって
本当に心配。
できることなら
代わってやりたい
こんなに小さな
体で……
すごいセキね。
大丈夫《だいじょうぶ》？
ハイ、5日分の
薬はのませたん
ですけど……
全然よくなってないかも
ゴホ
ゴホ
が～っ
けっこう続いてるね。
こじらせて肺炎《はいえん》にでも
なったらたいへんだね
え!?
セキをこじらせて
肺炎《はいえん》になることは
ありませんよ
ご心配なく
薬をのんだらすぐに
セキが止まる、という
ものでもないんです
はい
こんなときは
あせらず、
「加湿《かしつ》、保温、
水分補給」で
乗り切り
ましょう
すー

セキが止まらない代表的な理由

「薬をのませているのに、セキや鼻水が止まらない」という声をよく聞きます。冬の時期は、「1カ月近くものませていたけど、止まらなかった」というママさえいるくらいです。セキを止めたいという思いが、いかに切実かがわかります。

セキや鼻水が続く理由の1つは、まだ子どもさんが小さいからでしょう。特に3歳以下のお子さんは、セキや鼻水が続くと言って受診《じゅしん》される方が多いんですよ。寝《ね》ついてすぐや、明け方にひどくなりませんか？　よく聞いてみると、のどの辺りからゴロゴロと音が聞こえたりします。これは、鼻水がのどに垂《た》れ込《こ》んで、タンのようになっているのです。この「タンのようになったもの」を体の外に出すためにセキをしているのです。

発熱と同じで、セキは体を守る大切な反応《はんのう》。薬でセキを止めようとするのは、「セキでタンを追い出す」という体の正常な反応《はんのう》を止めようとする行為《こうい》ですから、あまりお勧《すす》めできません。こんなときは、

1. 鼻水を吸い取る（鼻水がひどい場合）
2. 加湿《かしつ》・保温でタンを出しやすくする

など、鼻水とタンに対処することが優先されます。いくらセキ止め薬を使っていても、治まるものではないことを、まず知っておいてもらいたいと思います。

7日以上続くセキは受診を

ひどいセキはもちろんですが、「元気そうだけどセキがよく出るわ」というときも心配になりますね。**寝《ね》つきにくかったり、途中《とちゅう》で目が覚めたりする場合は、早めに受診《じゅしん》したほうがいいでしょう。**

よく眠《ねむ》れているようでも、7日以上続くセキは、「単なる風邪《かぜ》、そのうち治る」で済ませ

タンのセキが続いたら……
① 鼻水を吸い取る（かむ）
びーーんっ
② 加湿《かしつ》・保温でタンを出しやすくする
ズル
薬だけで治まるものではありません

ず、受診《じゅしん》しておいたほうがよいですね。

ただ、受診《じゅしん》すれば、よく効く薬がもらえて、すぐにセキが止まる、というものではありません。治るのに時間がかかることもあります。

ゼェゼェが出やすいのは、ぜんそく？

風邪《かぜ》を引いたお子さんの胸や背中に耳を当てると、「ゼェゼェ」「ヒューヒュー」という音（喘鳴《ぜんめい》といいます）が聞こえませんか？　気管支が炎症《えんしょう》を起こし、粘膜《ねんまく》がはれて気道が狭《せま》くなっているのです。狭《せま》くなった気道を空気が流れるときに音が発生します。ちょうど、タテ笛を吹《ふ》いているようなものですね。風邪《かぜ》のときだけでなく、ダニやホコリを吸《す》い込《こ》んで喘鳴《ぜんめい》が出ることもあり、喘鳴《ぜんめい》のほかにセキが出ることも多いんです。

気管支の炎症《えんしょう》が慢性的《まんせいてき》に続いている病気を、ぜんそく（正式には気管支喘息《きかんしぜんそく》）といいます。慢性的《まんせいてき》なものですから、ある程度の期間をかけてみないと、ぜんそくと診断《しんだん》することはできません。

では、「診断《しんだん》されていないけれど、喘鳴《ぜんめい》やセキが出やすい子」はどうなるのでしょうか。それが「気管支が弱い子」なのです。

２歳ごろまで喘鳴《ぜんめい》が繰《く》り返《かえ》し出ていたとしても、体の成長とともに気道が広くなり、小学校に入るころには、まったくといっていいほど出なくなる子が多いんです。一部、慢性《まんせい》的《てき》に続いてぜんそくと診断《しんだん》される子もいます。残念ながら、早い段階でどちらかを見分けるのは難しいですが、検査をすれば、診断《しんだん》の参考情報にはなります。

また、たとえぜんそくと診断《しんだん》されても、医師のもとで適切な治療《ちりょう》を根気よく続ければ、子どものぜんそくの多くは、遅《おそ》くとも中学に入るころまでには治ります。

かれこれ
半年も
小児科に通ってるわ
この子の将来は
どうなるのかしら……

小学生になるまでには、
気にならなくなるケースがほとんどです

加湿と保温が効果的

「加湿《かしつ》・保温」は、のどや鼻の粘膜《ねんまく》を乾燥《かんそう》から守り、バリア機能を強化。ウイルスの侵入《しんにゅう》を防ぎます

加湿器《かしつき》をつける

お風呂《ふろ》に入れる

マスクをする
タオルを口元に当ててもよい
寝るときにしてもいいニャ
zzz

こまめに鼻をかむ。小さい子は鼻を吸い取る

鼻水がのどに垂れて、
せき込むことも多い

水分を取る

横になると、セキがひどくなったり、息がゼーゼー苦しいときがあります。上体を起こしたり、うつぶせになったり、楽な姿勢で休んでください。

鼻水 症状別 |BLUE|

鼻に入った
敵と闘う。

おせっかいやきなのか、のどに顔を出すことがあり、セキとよくけんかする。

せっかく敵をやっつけて鼻から出てきたのに、嫌がられることが多い。

鼻水で、細菌もホコリもシャットアウト！

鼻は「加湿機能つき空気清浄機」

鼻は、空気を吸《す》い込《こ》んだり、吐《は》き出《だ》したりする場所ですが、ただ空気を通しているのではありません。加湿《かしつ》と保温をして、湿《しめ》った、温かい空気を気管に送り届けているのです。乾燥《かんそう》した冷たい空気は、気管の粘膜《ねんまく》を乾燥《かんそう》させ、冷やします。すると粘膜《ねんまく》は弱くなり、ウイルスや細菌《さいきん》が侵入《しんにゅう》しやすくなります。鼻は、それを防ぐための「加湿器《かしつき》」なのです。

空気の中には、ホコリやゴミ、ウイルスや細菌《さいきん》がいて、息をすると鼻から入ってきます。鼻毛はそれを捕《つか》まえて、気管に入らないようにしています。

また、鼻の穴の奥《おく》には「鼻《び》くう」という場所があります。そのヌルヌルした壁《かべ》に細菌《さいきん》やホコリがつくと、洗い流そうとして、ネバネバした水が出ます。これが鼻水で、**細菌《さいきん》などは鼻水にくっついて外に出されるのです。**

気管に入る空気をキレイにするのですから、鼻は「空気《くうき》

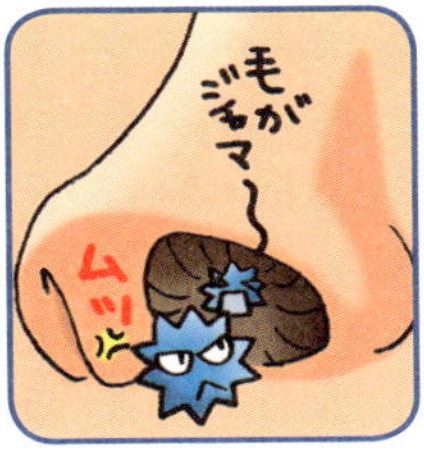

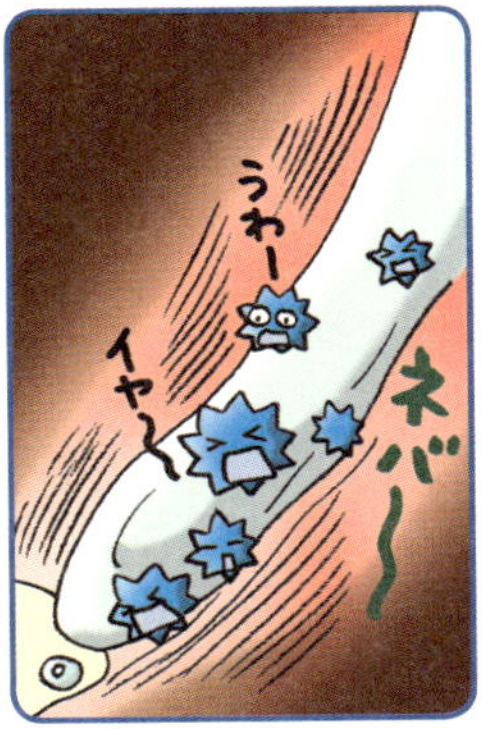

清浄機《せいじょうき》」の働きも備えているのです。

人間は、いろいろな生き物と共存して生きています。害虫と思われる物でも、根絶してしまうと生態系が乱れて、ついには人間の存在が脅《おびや》かされる事態になります。**鼻水も、汚《きたな》いからといって薬で徹底的《てっていてき》に止めようとするのは、体のシステムを乱して、かえって体によくないんですね。**

鼻は働き者

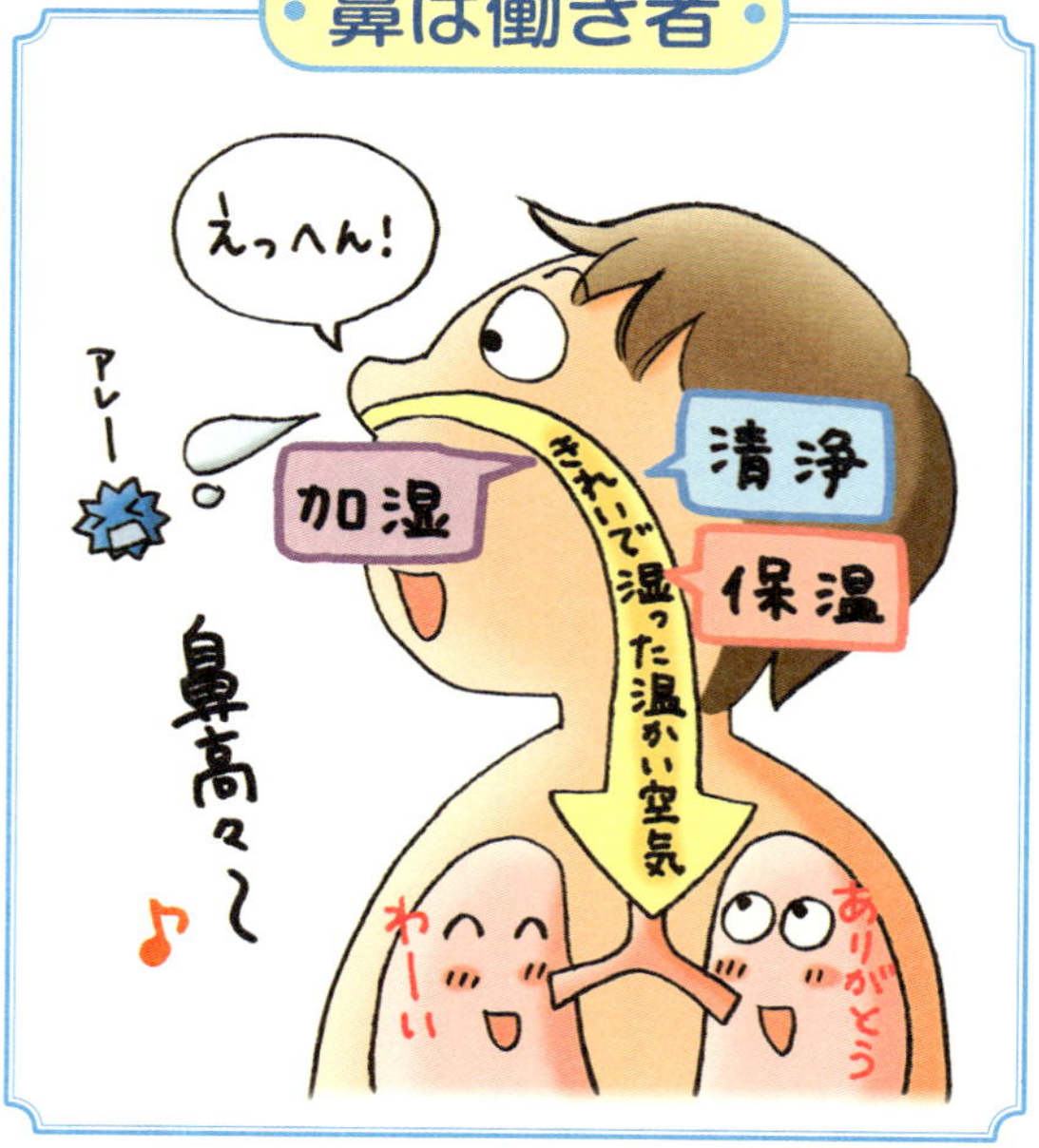

ミッション
コンプリート！

嘔吐 症状別 YELLOW

朝・昼・夜、
いつでも登場するが、
他の４人と比べ、活躍する時間は短い。
いろんな場面で
登場する。
主におなか（胃）
を守る。
嘔吐（YELLOW）
が登場すると、下痢（PINK）
も追いかけてくる。

吐くのは、おなかに有害物が入ったサイン

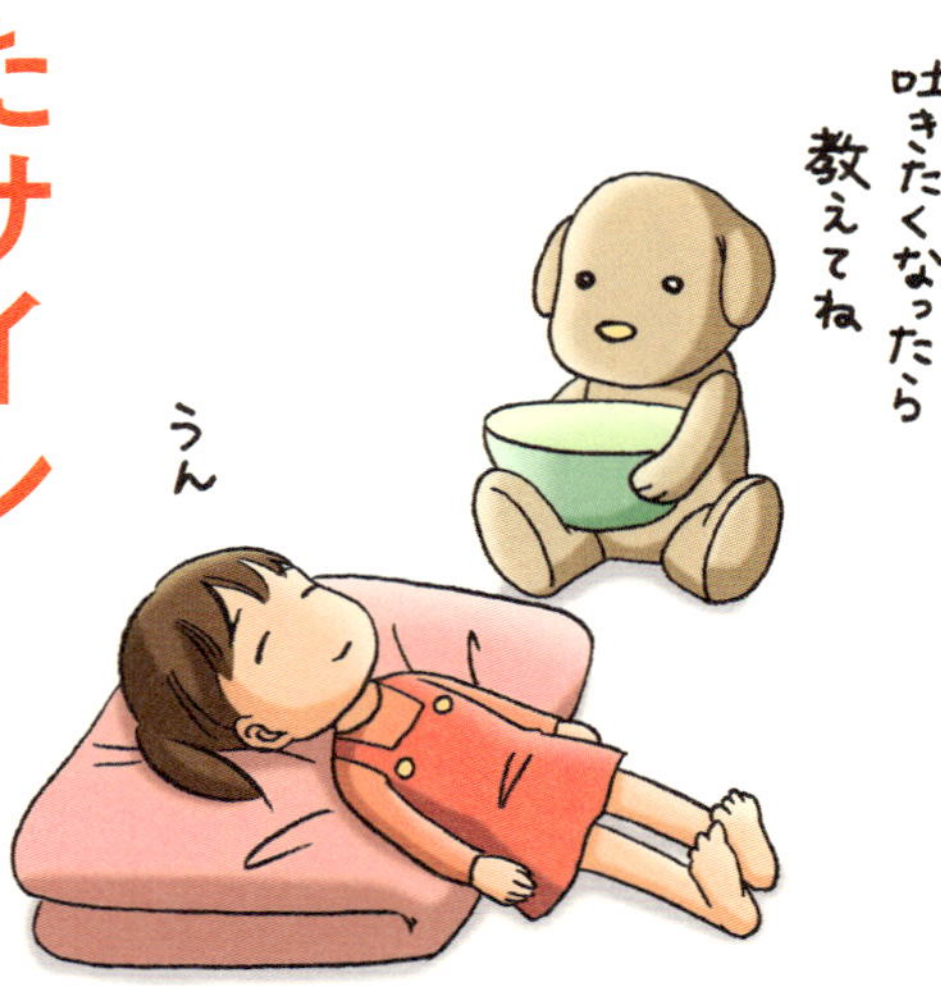
吐きたくなったら教えてね
うん

「吐く」原因で、多いのは「おなかの風邪」

「吐《は》く」といっても、原因はいくつもあります。ひどいセキで勢い余って嘔吐《おうと》することもあれば、他人が吐《は》いているのを見て気持ち悪くなる「もらい嘔吐《おうと》」や、乗《の》り物《もの》酔《よ》いの嘔吐《おうと》もあります。中でも、いわゆる「おなかの風邪《かぜ》」の急性胃腸炎《きゅうせいいちょうえん》は、子どもが吐《は》く原因として多いものです。ウイルスがおなかに入って起こり、嘔吐《おうと》と一緒《いっしょ》に熱が出ることもあります。原因がおなかにある嘔吐《おうと》の場合、吐《は》くのは、胃に入った有害な物を出す働きと考えられます。ですから、吐《は》くのを止めようとするのは、あまりお勧《すす》めできません。

それよりも、吐《は》いたときに吐《は》いた物でのどを詰《つ》まらせないようにすることが大切です。

吐くのは、胃に入った有害物を出す働き

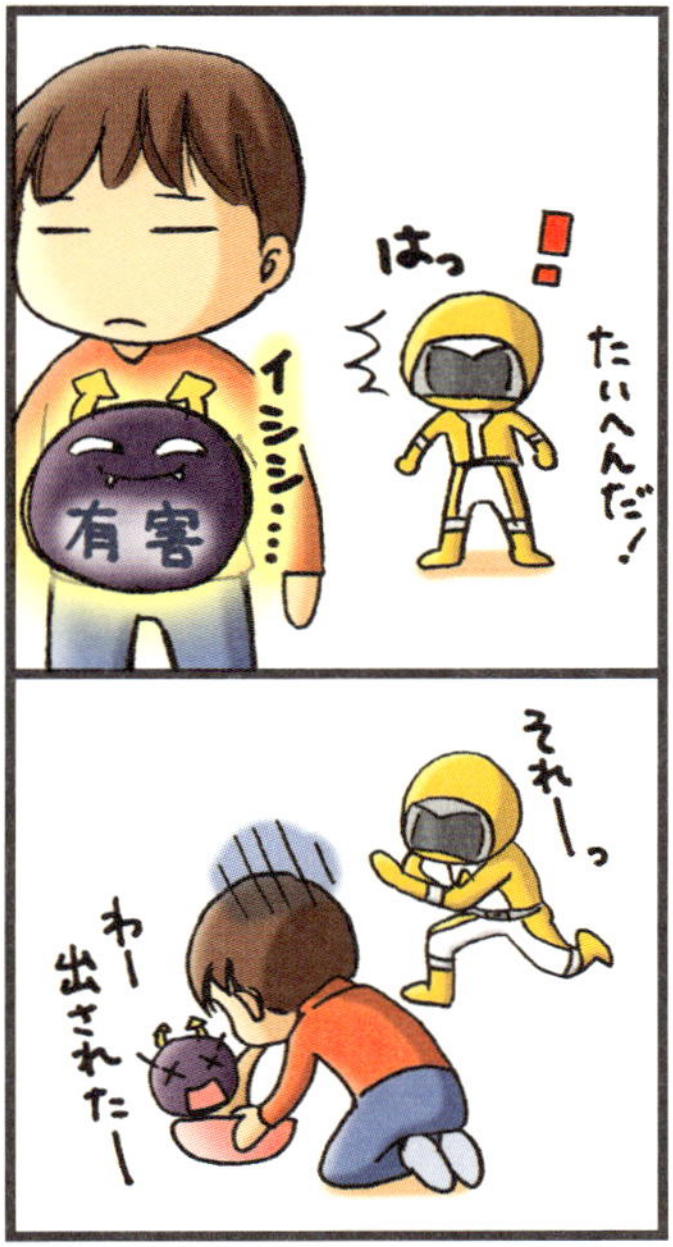

吐くのを止めようとするのは、お勧めできません

吐《は》くときは抱《だ》き起《お》こして背中をさする

○ いつ吐《は》くかわからないときは上体をやや高くして寝《ね》かせ、顔を横向きに

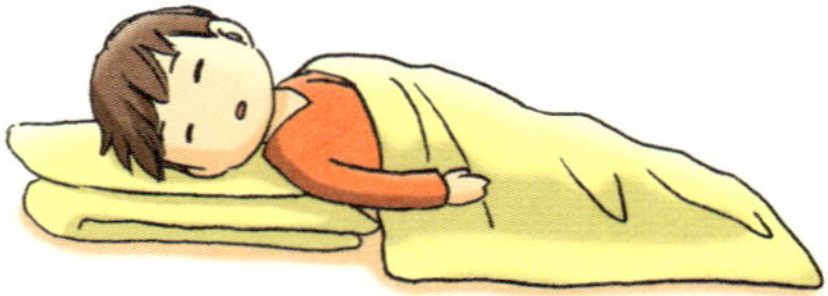

× あおむけで寝《ね》ると、のどを詰《つ》まらせる心配があります

ミルクを大量に吐くことがあります

赤ちゃんは、ミルクを飲ませすぎたり、ゲップをしたり、せき込《こ》んだ勢いで吐《は》くことがあります。これは、胃と食道をつなぐ部分の筋肉が未熟なため、いったん胃に入ったミル

クが食道に逆戻《ぎゃくもど》りしやすいからです。体重が順調に増えていれば、この嘔吐《おうと》は病気ではありませんのでご心配なく。

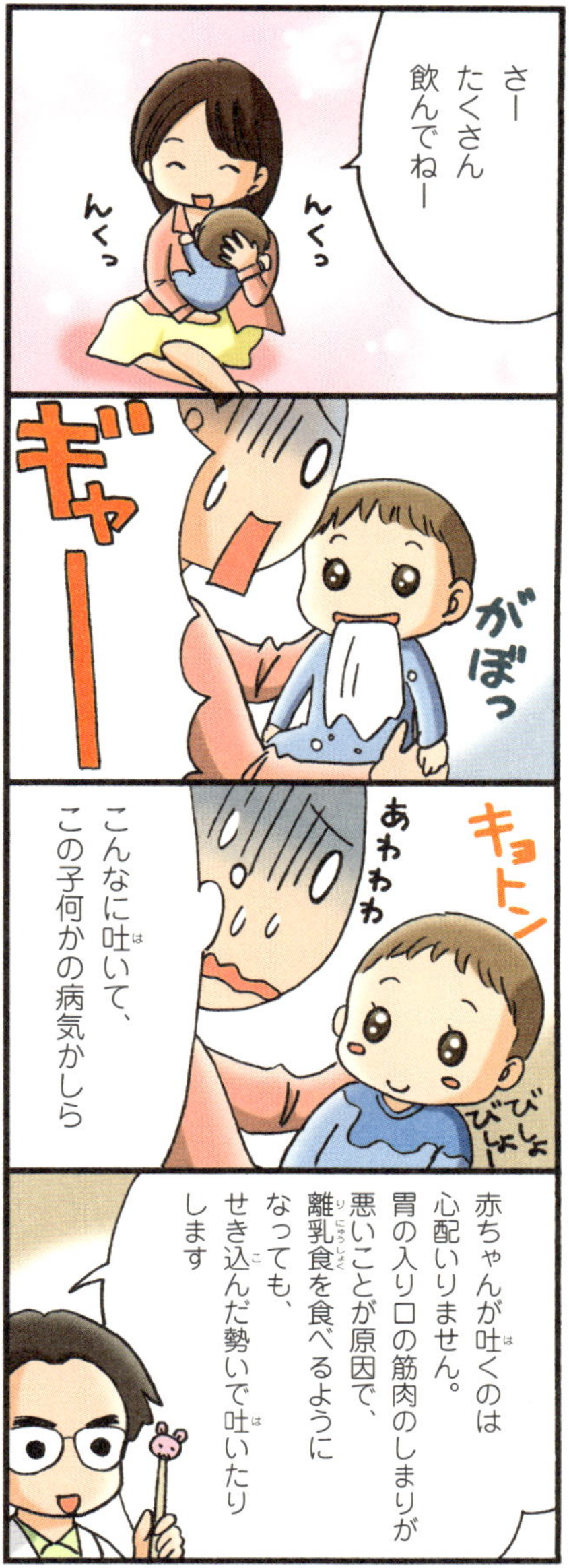

吐き始めは何も「飲ませない」

「これはおなかの風邪《かぜ》かな?」と思ったら、**吐《は》き気《け》が強い間は、何も飲ませないようにすることが大切です。**「吐《は》いたときは水分補給が大事」といわれますが、「急いで水分を取らせなさい」ということではないので注意が必要です。胃の中が空《から》になるまで吐《は》けば、それ以上吐《は》くことはありません。あわてて飲ませると、飲ませた分だけ吐《は》く回数が増えてしまいます（吐《は》き気《け》が強い間や、吐《は》いた直後であっても、少量ずつ辛抱強《しんぼうづよ》く飲ませるように医《い》療機関《りょうきかん》で指導された場合は、その指導に従ってください）。

× 吐くたびに飲食を与える

○吐き気が強い間は、無理に飲ませない、食べさせない

あんなにたくさん吐《は》いたのは
おなかにウイルスが入ったせいかもしれないわ
かわいそうに
吐《は》くのはつらいから、しばらくは何も食べないほうがいいわね
お母さんのど渇《かわ》いた。何か飲みたい
んーそうねえ
ほんの少しずつ飲もうね
まず一口からよ
うん

無理に飲ませない、食べさせない。

水分を与《あた》えるコツは、少量をこまめに。大丈夫《だいじょうぶ》なようなら、徐々《じょじょ》に量を増やすことです。

一度にたくさん飲ませると、吐《は》いてしまうことがありますので、注意してください。

水分が取れるようになったら、食事も少しずつ、様子を見ながら始めてください。

●正しい水分の取り方

- ウイルス性《せい》胃《い》腸《ちょう》炎《えん》の場合、嘔《おう》吐《と》物《ぶつ》や便からの感染が非常に多く、処理には注意が必要です。
汚染された物は、熱や塩《えん》素《そ》系《けい》漂《ひょう》白《はく》剤《ざい》でウイルスを殺《さつ》滅《めつ》・除去します。

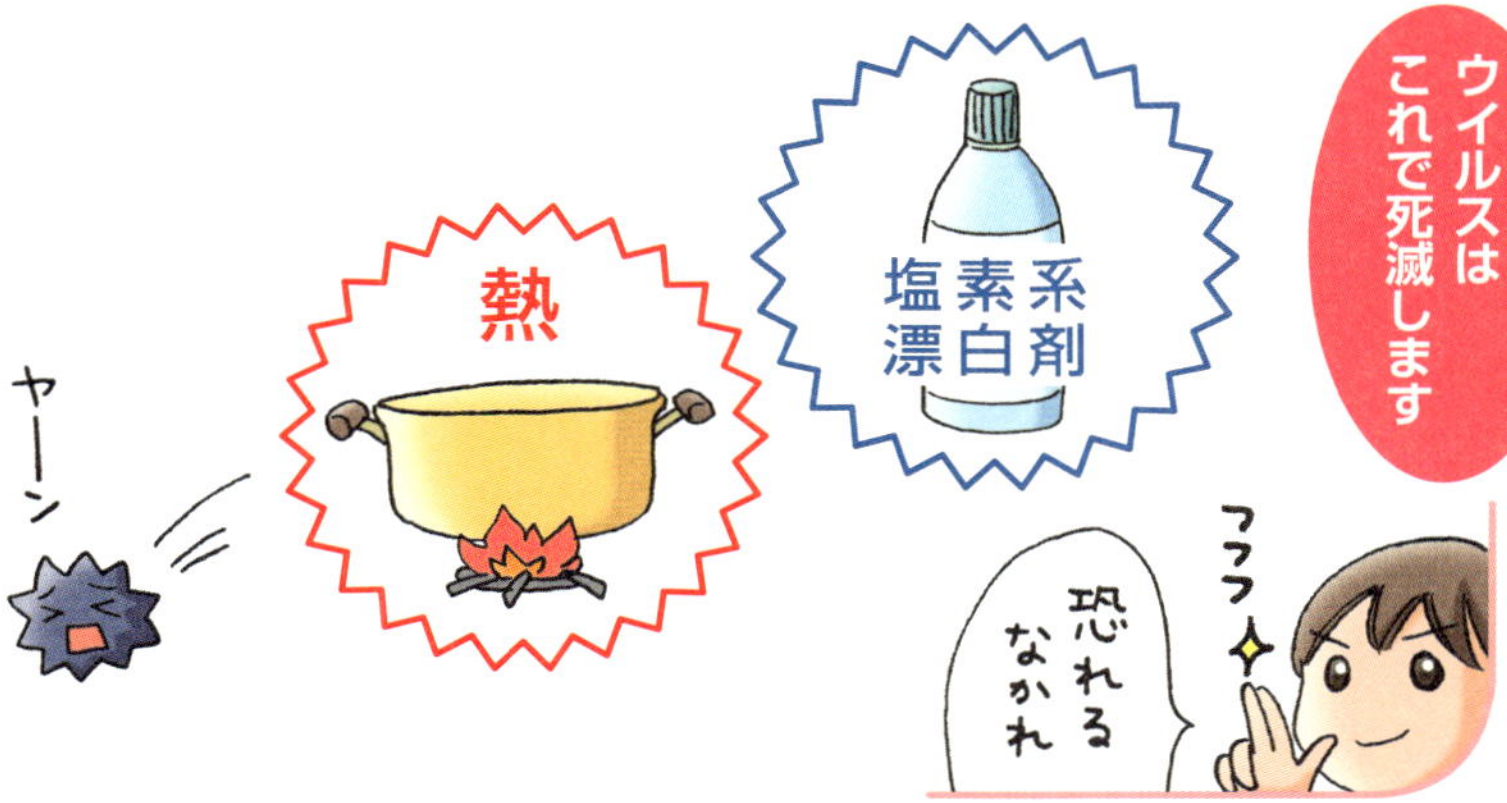

タオルや食器などは1分以上の煮沸

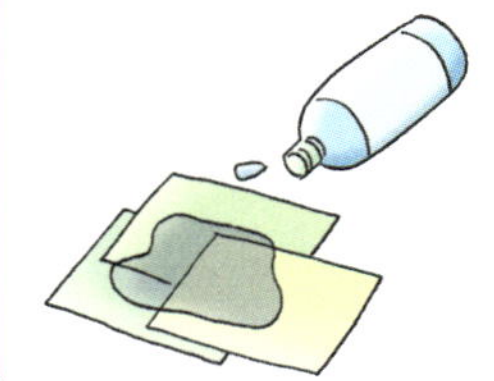

汚物は塩素系漂白剤でふき取ります

カーペットについた汚物は、スチームアイロンで1分、熱消毒

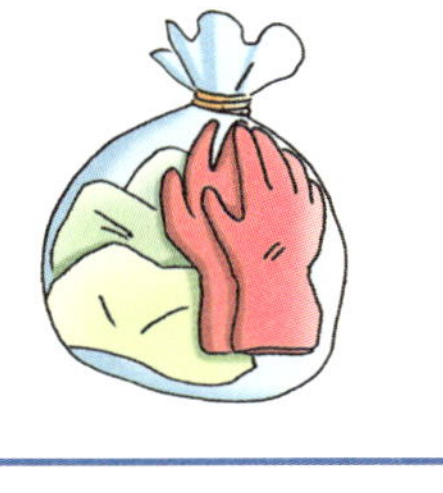

ふき取りに使った物は処分します

※ノロウイルスの場合

下痢 症状別 |PINK|

- 実はいちばんのキレイ好き。
- おなかの敵と闘うだけでなく、おなかの掃除もする。
- 武器は塩水。大量の塩水でゴミを洗い流している。
- 発熱（RED）と嘔吐（YELLOW）の“追っかけ”をしている。

おなかから敵を追い出す！

下痢のときは
水分と塩分を
補給
しなさい
ボク
ママのおっぱい
のんでるから
うんちが
やわらかい
だけなんだ

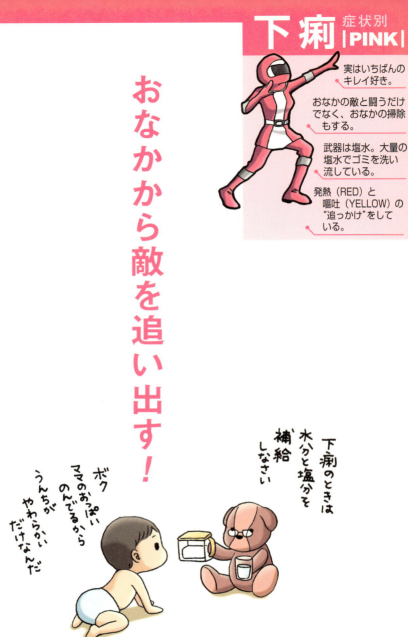

ビックリ！　下痢の正体は？

子どもの下痢《げり》の多くは、おなかにウイルスが入った「おなかの風邪《かぜ》」か、細菌《さいきん》が入った「食あたり」で起こります。「おなかの風邪《かぜ》」の場合、発熱や嘔吐《おうと》が始まった次の日ぐらいから下痢《げり》が始まり、数日～1週間続きます。ですから、「熱も下がったのに、どうして下痢《り》が続くの？」と心配することはありません。

下痢《げり》は、悪さをするウイルスや細菌《さいきん》、有害物質を追い出そうとする防衛反応《ぼうえいはんのう》と見ることができます。「下痢《げり》」と聞くと、「水のような便のことだ」と思われるでしょうが、その正体は、「塩水」と言ったほうが当たっています。

いちばん大切なのは、下痢《げり》として体から失われた水分と塩分の補給です。水分をたくさん取るから水っぽくなるのではありません。逆に、失った水分を補う必要があります。

あと、下痢《げり》のときは〝おしりのケア〟も大切ですよ。

下痢止め薬と整腸剤は違うの？

腸の中には、人間の味方をしてくれる善《よ》い細菌《さいきん》と、ワルさをする悪い細菌《さいきん》が共存しています。下痢《げり》のときは悪い細菌《さいきん》が優勢になっており、腸の中の環境《かんきょう》が乱れています。

下痢《げり》を止めようとする「下痢止め薬《げりどめやく》」は、悪い細菌《さいきん》を追い出そうとする腸の働きをも抑《おさ》えてしまいます。その結果、悪い細菌《さいきん》を長く腸にとどまらせることになるので、よほど下痢《げり》がひどいとき以外は使わないほうがよいですね。**「整腸剤《せいちょうざい》」は、善《よ》い細菌《さいきん》を腸に届けておなかの環境《かんきょう》を整えようとするものです。**これは使ってもかまいません。

下痢止め

整腸剤

下痢でもふつうに食べさせて大丈夫?

下痢《げり》のときの食事は、控《ひか》えたほうがいいのでは?と、つい親は思います。でも、子どもの食欲はいつもどおりで、おかゆを作っても、「やわらかいご飯はイヤ!」と言って食べたがらないことも、よくあることです。

日ごろから、なかなか思いどおりに食べてくれないのが子どもです。**嫌《いや》がって食べない物よりは、その子のペースに合わせた物を食べさせてください。**「リンゴのすったのが食べたい」と言えば、それくらいのおなかだということですし、「ハンバーグが食べたい」のは、ハンバーグが食べられるぐらい元気だということです。赤ちゃんなら、下痢《げり》だからといって、母乳(ミルク)や離乳食《りにゅうしょく》をあえて減らしたりする必要はありません。

食欲があるのは、あまり心配のない証拠《しょうこ》。食べさせると病気が悪化するような下痢《げり》なら、食欲もなくなっているものです。

赤ちゃんの下痢《げり》は続くことが多いので、つい「食べさせたのが悪かった」「おなかを休ませないと」という考えになってしまいます。しかし、実際、食事で失敗するということは、ほとんどないのです。

×つい「食べさせたのが悪かった」と思ってしまいます

○実際、食事で失敗することは、ほとんどありません

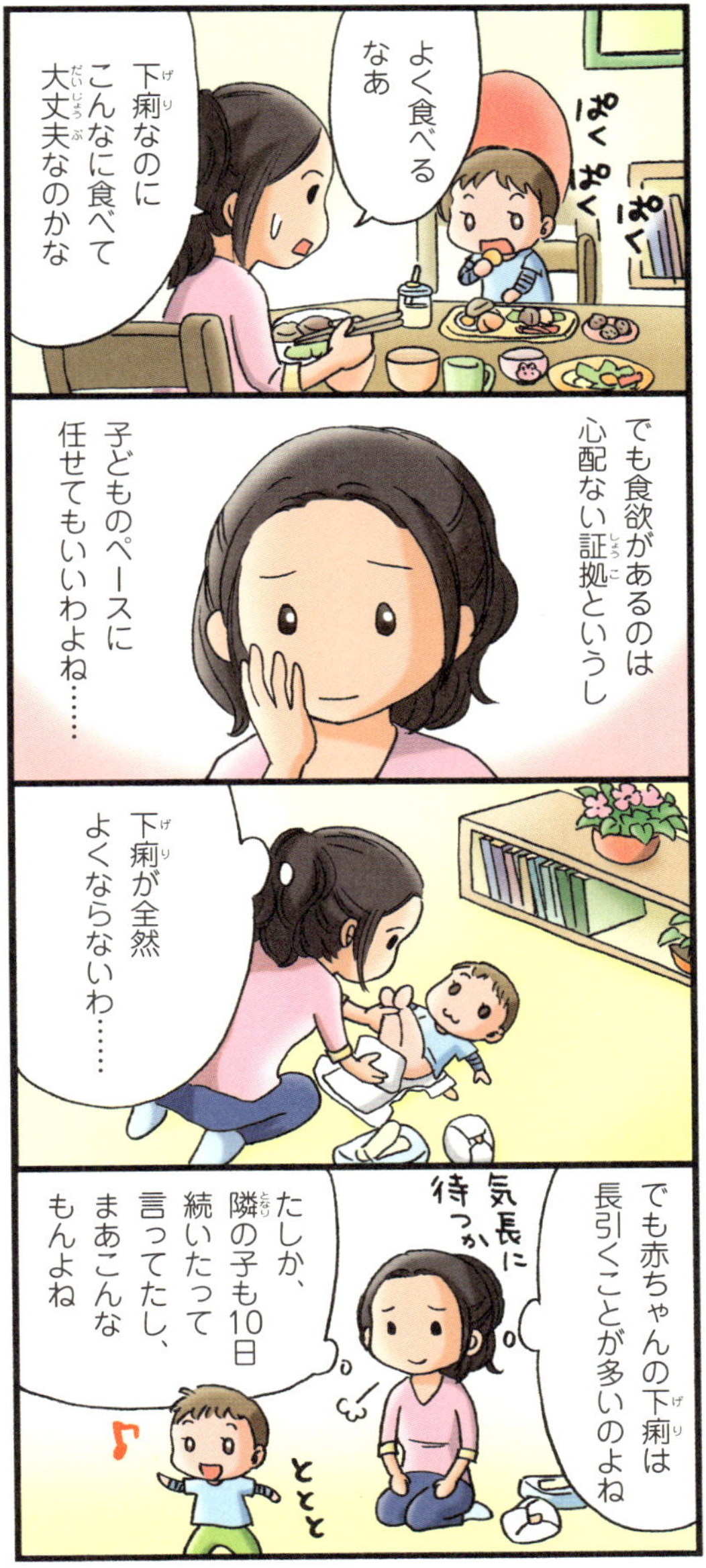

こんなのが脱水症状

夏になると「脱水《だっすい》に気をつけましょう」という言葉をよく耳にします。でも、「脱水《だっすい》」がどんなことかわからなければ、「気をつけましょう」と言われても、どうしたらいいのかわかりません。

文字《もじ》どおり、体から水分が失われた状態を「脱水《だっすい》」といいます。しかし、ちょっと汗《あせ》をかいたぐらいでは脱水《だっすい》とはいいませんね。

水分が不足すれば、体から水が出ていかないような防御機構《ぼうぎょきこう》（主に腎臓《じんぞう》）が働きます。すると、オシッコの量が減ります。子どもなら、半日オシッコが出ないときは、脱水《だっすい》があると考えてよいでしょう。元気がなくなり、目がくぼみ、皮膚《ひふ》にシワが寄り、口の中はカサカサに乾《かわ》き、泣いても涙《なみだ》が出なくなります。

子どもの飲む意欲に任せていると、下痢《げり》がひどいときは特に、脱水《だっすい》を起こしてしまうことがあります。こまめな水分補給で乗り切りたいものですね。

それでも脱水症状《だっすいしょうじょう》が出てしまった場合は、できるだけ早く診察《しんさつ》を受けましょう。

こんなときは受診を

呼吸があらく、
ウトウトしている

オシッコの量が減る

皮膚が冷たい。
顔色が悪い

泣いても
涙が出ない

目が落ちくぼんでいる

1日6回以上の大量の水の
ような便がある

皮膚・口・舌が
乾燥している

コラム

「人間は体の中に海を持っている」

約40億年前、生命は海の中で誕生しました。

そして長い年月をかけ、多種多様の生物に進化します。

その過程で生命を維持《いじ》するためには、当時の生活環境《せいかつかんきょう》(海)を、体の中に保存する必要がありました。生命は体の中に小さな海を保ちつつ、数億年の歳月《さいげつ》をかけて、海から川、川から陸へと進出していったのです。

ヒトも含《ふく》め、生物の血液や体液の成分が海水に近いのはこのためです。ですから、ヒトにとって必要不可欠なのが「水」であり、水と同じぐらい大切な物が「ミネラル(中でもナトリウム=塩)」なのです。

下痢が多いときの水分補給は？

熱が出たときの水分補給は、麦茶でもイオン飲料でも、母乳でもミルクでもかまいません。大きな塩分の不足は起こらず、腎臓《じんぞう》がキチンと調節してくれるからです。

しかし、**下痢《げり》が多いときは、単なる水分補給ではいけません。**下痢《げり》は汗《あせ》よりもずっと多くの塩分を含《ふく》んでいます。だから水だけではなく塩分の補給が必要になってくるのです。そんなときは、ＯＲＳ（経《けい》口《こう》補《ほ》水《すい》液《えき》）がよいでしょう（ちなみに、汗《あせ》をビッショリかいたときも、ＯＲＳのほうがよいでしょう）。

下痢《げり》がひどく、脱《だっ》水《すい》症《しょう》状《じょう》を起こしているときは点滴《てん》《てき》が必要です。

市販品もあります
レモンやグレープフルーツ果汁で味付けすると飲みやすい

ＯＲＳの作り方

食塩小さじ1/2杯（3g）
湯冷まし1リットル
砂糖大さじ4と1/2杯（40g）

●いちばん大切なのは、水分補給です。

下痢《げり》がひどいときは、水分だけでなく、塩分と糖分を含《ふく》むＯＲＳを飲ませてください（食事が取れていれば、水分だけで大丈夫《だいじょうぶ》です）。

母乳やミルクの場合は、そのままでいいニャ。こまめに補給することが大切だニャ
果汁を多く含むジュースは下痢を悪化させることがあります
注意

●食事は、子どもの食欲に合わせた物で大丈夫ですが、消化のよい物を心がけてください。

おかゆとうどんどっちがいい？
ハンバーグ!! 旗付きで!

食欲があるときの下痢は、あまり心配ありません

●おしりのケアも忘れないで。

下痢《げり》は、デリケートな赤ちゃんのお肌《はだ》にとって、とても刺激の強いものなんです。下痢《げり》を繰《く》り返《かえ》すと、すぐにおしりが赤くなります。おしりふきで下痢《げり》をするたびに丁寧《ていねい》にふくと、ますます赤くなってしまいます。こんなときは、できるだけシャワーで洗い流すようにしましょう。保《ほ》湿剤《しつざい》でおしりを保護するのも有効ですね。

胃腸炎の便にはウイルスが
多く含まれているので、
必ず手をよく洗いましょう

Dr.明橋からのメッセージ

「子どもは病気にかかるもの、決してお母さんのせいではありません」

子どもが病気になったとき、親御《おやご》さんがいちばん悩《なや》むのが、「自分のせいではないか」ということです。

どうしても子どもが病気になると、親は自分を責めてしまいます。

「あのときすぐ服を着せなかったから……」

「夕べ布団を蹴飛《けと》ばしていたのにすぐ気づいてやらなかったから……」

「あのときスーパーに行きさえしなければ……」

「早く薬をのませてやれば、こんなことにはならなかったのに……」

そして、子どもが病気になったのは自分のせいだと思って、落《お》ち込《こ》んでしまうのです。

しかし、子どもは、病気をするもの。

病気をしながら、免疫力《めんえきりょく》を獲得《かくとく》していくわけだし、健康のありがたみもわかります。

それと、子どもの側からすると、病気になるのって、体はつらいけれど、意外とうれしいこともあるのです。

皆《みな》さんは、体温計が、38度を超《こ》して、つらい反面、何かうれしい、そんな気持ちになったことはありませんか？

病気になると、学校を休める、そして、お母さんが看病してくれる。いつも怒《おこ》りんぼのお母さんも、このときだけは優しかったりする。病院へ行くときも、いつもはきょうだいとお母さんを取り合いだけれど、今日ばっかりは、お母さんを独《ひと》り占《じ》め。

病気を通じて、もう一度、お母さんの愛情を確認できる、子どもにとってはまたとない機会なのです。

子どもは病気にかかるもの、決してお母さんのせいではありません。

むしろ、**子どもが病気にかかったら、それは子どもとの心の絆《きずな》を、もう一度強めるチャンスなんだ、**と考えてみてはどうでしょう。

Dr.明橋の相談室

おっぱいは、いつまで？

おっぱいというのは、体に栄養を与《あた》えるだけではないんです。お母さんに抱《だ》かれておっぱいをくわえると、子どもはとても安心感をもらいます。ですから、**おっぱいというのは、子どもの心の安定のためにも、とても大切なものなのです。**

昔は、「断乳」といって、無理やり、おっぱいをやめることがふつうでしたが、今では、「卒乳」といって、子どもが、自然におっぱいを卒業するのを待つ、という考え方が主流になってきています。ですから、あまり卒乳については、急ぐ必要はありません。

1歳を過ぎ、離乳食《りにゅうしょく》が完全食になるころには、「いつまで、おっぱいやってるの?」と、周りから言われたりします。しかし、**本人が欲しがるなら、与《あた》えていいと思います。**子どもが元気でよく遊び、きちんと食事を取り、体重が順調に増えているなら、2、3歳まで母乳を飲んでいても心配ないといわれています（母乳は、子どもの成長に合わせて出るので、母乳が出ている間は与《あた》えていいという説もあります）。

子どもは、次第におっぱいだけでは栄養が足りなくなり、おっぱい以外の食事を欲しがるようになります。また、行動の幅《はば》が広がっていくことで、ほかに興味の対象がいろいろ増えてきて、おっぱいへの執着《しゅうちゃく》もだんだんなくなって、その結果、自然に卒乳していくのです。

✕ 子どもの気持ちより、周りの言葉に左右されてしまう

まだおっぱいやってるんだー
へー
んくっっ んくっっ
もうあんまり栄養はないみたいだよ
私のころはみんな断乳してたけどね
いつまでもやってるから甘《あま》えん坊《ぼう》になるんじゃないの
おっぱい〜♪
おっぱいはもうおしまいにしようか

○「おっぱいは心の栄養」と思って、安心感を大切にする

しかし、いろいろな事情があって、時期を決めて卒乳する場合もあると思います。

その場合は、まず数日前から、予告をしておきます。「そろそろおっぱいをやめるようにしようね」

そして、おっぱいをやめたら、最初は泣いて欲しがることもありますが、お母さんと一《いっ》緒《しょ》だとおっぱいを思い出してつらくなるかもしれないので、なるべくおじいさんやおばあ

さん、お父さんと遊ぶ時間を増やしてもらいます。

昼間は、なるべくたくさん遊ばせること。おっぱいを欲しがったら、「おっぱいはもうバイバイね」と優しく言って、そのかわりに抱《だ》っこしてやります。

おっぱいは与《あた》えられなくても、お母さんの愛情が変わらないことを伝えること。子どもが不安になったときは、しっかり安心感を与《あた》えていく。それによって、子どもは不安を乗《の》り越《こ》え、成長の次のステップに進むことができるのです。

敏感で泣きやまない赤ちゃん

Q 生まれたときから敏感で、ひっきりなしに泣きます。落ち着いている他の赤ちゃんを見ると、うちの子は何かおかしいのでは？と悩みます。

「赤ちゃんは泣くのが仕事」とわかってはいても、ひっきりなしに泣かれると、体はもちろん、心まで疲《つか》れ果《は》ててしまいますよね。

生後4カ月ごろまでの乳児で、栄養状態もよく、病気ではないのに、1日に3時間以上激しく泣く日が、週に4日以上続く子は、周りからの刺激《しげき》に敏《びん》感《かん》だからだといわれています。

もちろん、赤ちゃんがよく泣くのには、さまざまな理由があります。

ただ、お母さんが敏感《びんかん》だと感じておられるなら、それはもしかすると、ひといちばい敏《びん》感《かん》な子（HSC＝Highly Sensitive Child）だからかもしれません。

HSCとは、5人に1人の敏感《びんかん》タイプのことです。病気でも障がいでもありません。

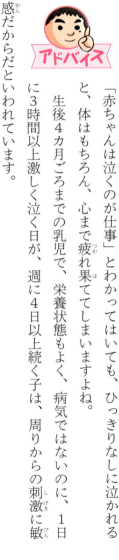

赤ちゃんの中には、周りの環境《かんきょう》をあまり気にしない子もいますが、HSCは、ちょっとした室温の変化でぐずりだし、大きな音、まぶしい光にびっくりして泣きだします。

体に何も問題がないのに、よく泣くときは、刺激《しげき》を減らすことを考えてみましょう。

大人にとっては気にならなくても、HSCは、音や光、部屋《へや》の温度、服や布団の肌触《はだざわ》り、環境《かんきょう》の変化を敏感《びんかん》に感じ取ります。また、空腹や寝不足《ねぶそく》を人一倍感じて、激しく泣くこともあります。

反対に、刺激《しげき》が少なすぎても不安になりがちです。どんな子でも、刺激《しげき》（関わり）が少ないと、関わりを求めて泣くでしょう。HSCの中には特に、そのために抱《だ》っこをしないと寝《ね》なかったり、おっぱいを離《はな》さなかったりする子がいます。

お母さんはたいへんですが、まずは自分自身がリラックスして、一緒《いっしょ》に外の空気に触《ふ》れるなど、気分転換《きぶんてんかん》するのもいいでしょう。

お母さんがかまうと、よけいに関わりを求めて泣く子は、抱《だ》っこや寝《ね》かしつけを、お父さんにしてもらうのも得策です。

「これだけ相手をしているのに、どうしてそんなに不安になるの？」と思うこともあるかもしれません。

しかし、人一倍敏感《びんかん》な子は、様々なことを感じ取る分、周囲に対して不安を抱《いだ》きやすいです。ですから敏感《びんかん》な子は、人一倍安心感を必要とします。それが、関わりを求めて泣く、という行動に出ることもあるのです。

関わりの必要な量は、子どもによって違《ちが》います。これだけ相手しているんだから、もうじゅうぶんだろう、と大人は思ってしまいますが、それでも求めてくるということは、やはりそれだけまだ不安なのです。

気持ちを受け止めてもらった子は、安心感が育ちます。その安心感が土台となって、どんなに手のかかる子も、やがて必ず自立していきます。

23のチェックリスト

1 すぐにびっくりする　はい　いいえ

2 服の布地がチクチクしたり、靴下《くつした》の縫《ぬ》い目《め》や服のラベルが肌《はだ》に当たったりするのを嫌《いや》がる　はい　いいえ

3 驚《おどろ》かされるのが苦手である　はい　いいえ

4 しつけは、強い罰《ばつ》よりも、優《やさ》しい注意のほうが効果がある　はい　いいえ

5 親の心を読む　はい　いいえ

6 年齢《ねんれい》の割りに難しい言葉を使う　はい　いいえ

7 いつもと違《ちが》うにおいに気づく　はい　いいえ

8 ユーモアのセンスがある　はい　いいえ

9 直感力に優《すぐ》れている　はい　いいえ

10 興奮したあとはなかなか寝《ね》つけない　はい　いいえ

11 大きな変化にうまく適応できない　はい　いいえ

12 たくさんのことを質問する　はい　いいえ

13 服がぬれたり、砂がついたりすると、着替《きが》えたがる　はい　いいえ

14 完璧主義《かんぺきしゅぎ》である　はい　いいえ

HSCかどうかを知るための、

15 誰《だれ》かがつらい思いをしていることに気づく　はい　いいえ

16 静かに遊ぶのを好む　はい　いいえ

17 考えさせられる深い質問をする　はい　いいえ

18 痛みに敏感《びんかん》である　はい　いいえ

19 うるさい場所を嫌《いや》がる　はい　いいえ

20 細かいこと（物の移動、人の外見の変化など）に気づく　はい　いいえ

21 石橋をたたいて渡《わた》る　はい　いいえ

22 人前で発表するときには、知っている人だけのほうがうまくいく　はい　いいえ

23 物事を深く考える　はい　いいえ

得点評価▽13個以上に「はい」なら、お子さんはおそらくＨＳＣでしょう。しかし、心理テストよりも、子どもを観察する親の感覚のほうが正確です。たとえ「はい」が１つか２つでも、その度合いが極端《きょくたん》に強ければ、お子さんはＨＳＣの可能性があります

遊び食べにイライラ……

いわゆる「遊び食べ」は、10カ月ごろから見られるようになり、1歳を過ぎると、とても手に負えない状態になります。ご飯を手でこねて遊んだり、わざと牛乳をこぼしたり……。ついイライラしてしまうのも、無理はありません。

しかし、**このような行動は、わがままでもないし、お母さんをバカにしているわけでもありません。**1歳を過ぎたころになると、外界への好奇心《こうきしん》や、イタズラ心が極めて活発になってきます。それが食事に向かうと、遊び食べになるのです。まずは、**子どもにこういう行動が出てきたということは、子どもの心がそこまで成長した証拠《しょうこ》と考えましょう。**

しかし、あまり延々と続けられると親もストレスがたまります。まずは、多少こぼしてもいいように、イスの下にビニールシートや新聞紙を敷《し》いておきます。そして、しばらく見守って、もうあまり食べないな、むしろ遊びモードに入っているなと思ったら、20～30分ほどで、警告を発します。「これ以上食べないなら、もう片づけるよ」。それでも、食べようとせず、遊び続けるなら、さっと片づけます。そのとき、怒《おこ》ったりせず、明るく、「はい、ごちそうさまー！」と伝えるのがポイントです。子どもは泣くかもしれませんが、次の食事時間までは、出さないようにします。じゅうぶん食事を取っていないのに、と心配になるかもしれませんが、これで栄養失調になることはありません。こういうことを繰《く》り返《かえ》しているうちに、少しずつ集中して食べる習慣がついてきます。

× 子どものわがままだと思ってしまうと……

はい。もうポイしないでね
2杯め
じょばー
ぼこっ
ふきふき
夢中
ぐちゃー
ぽいっ
ゴッ
ぐちゃぐちゃ
もーっ!!いいかげんにしてよっ
同じことを何度も言わせてっ
バカにしてんの!?
ばっ

遊び食べは、好奇心の表れと思って対処

遊び食べは好奇心《こうきしん》の表れというから、この時期にはしかたがないことなんだわ
遊びモードに入ってきたな
もう食べないなら、片づけるよ
ぐちゃぐちゃ〜
どう見ても食べる気はなさそうね
ちゃんと聞いてたよね
おい……
ぴしゃっぴしゃっ
じゃあごちそうさまにしようねっ♪
さっ
あーっ!

食べ物の好き嫌いを減らすには

子どもの食事についての悩《なや》みの中で、ダントツに多いのが好《す》き嫌《きら》い、それも野菜嫌《やさいぎら》いです。細かくして好きな物に混ぜたり、お母さんたちはいろいろと努力されているようですが、敵もさるもの、なかなか手ごわいのです。無理に食べさせようとすると、何も食べなくなったりしてしまいます。**せっかくの楽しい食卓《しょくたく》が、嫌《いや》なものになってしまうよりは、こういうときは、食べなければしかたがない、といったんあきらめる、**というのも、私は賢明《けんめい》な方法ではないかと思います。

野菜に含《ふく》まれる栄養素は、ほかの食べ物や果物《くだもの》などにも含《ふく》まれています。実は保育所の給食なら、しっかり食べている、という子もいます。成長するにつれて、好みも変わってきますし、実際、偏食《へんしょく》があるからといって、本当に成長に問題が生ずることはほとんどないといってもいいのです。それを、あまり今、急に野菜嫌《やさいぎら》いを直そうとして無理強《むりじ》いすると、食事そのものが苦痛になります。極端《きょくたん》な場合、食事のたびに親子げんか、というような状態になると、体の栄養よりも、心の栄養のほうが心配になってきます。ですから、結論から言うと、**どうしても食べようとしない場合は、あまりあせって偏食《へんしょく》を直そうとしないほうが、結果的にはよいことが多いようです。**

そんな中で、１つ工夫を挙げるとすれば、子どもに、食事作りに参加させるという方法です。自分で野菜をちぎったり、盛りつけしたりする。プランターで、簡単に育つ野菜を作るのもいいかもしれません。もう少し大きくなると、包丁を持って切ってもらう。そうして食事作りに参加させると、食材に対する愛着もわき、いい効果を生むこともあるようです。いずれにせよ、少しおおらかに構えて、気長にやっていきましょう。

× 無理に食べさせようとすると、食事がつらいものに

○いったんあきらめて、心の栄養を優先する

仮病を使って登園しぶり

Q

仮病かな？と思ったのですが、「おなかが痛い」と言うので保育所を休ませたところ、毎朝、「痛い」と言うようになってしまいました。甘えグセがついたのでしょうか？

「じゃあ休もうか」と言うと、ケロッとよくなる。そういうときはやはり、精神的なものなんですが、これは決して、甘《あま》えグセがついたということではないと思います。何らかの理由で、保育所に行くのがつらかった、お母さんとずっと一緒《いっしょ》にいたかった、ということではないでしょうか。

たとえ体の病気がないとしても、「おなかが痛い」と言わざるをえない子どもの気持ちは、本当なのです。大切なのは、「そんな体の症状《しょうじょう》を訴《うった》えてまで、何を伝えようとしているのか」です。

何か理由がある場合は、それを言葉にして表現できるよう、子どもの気持ちを酌《く》んでいくことが大切です。

例えば「おなかが痛いって言うけど、もしかしたら保育所で嫌《いや》なことがあるのかな」などと聞いてみる。なかなか答えないと思いますが、少し話してきたら、「どういうことがあったの？」「何が嫌《いや》だったの？」と具体的に聞いてみます。

たまたま思いついたことなら、そのときで終わりますが、本当につらいなら、何回聞いても、同じ話題が出てくるはずです。そのつど変わるのは、そんなに大きな問題ではないことが多いです。

意外とあるのが、「先生が怖《こわ》い」です。保育所にも、やんちゃな男の子がいて、先生も何とか抑《おさ》えつけないといけないと思っていて、ガンガン叱《しか》っている。そういうのを見ていると、実際にどなられているわけではなくても、敏感《びんかん》な子は、すごい恐怖《きょうふ》を感じます。自分が怒《おこ》られたらどうしよう、とビクビクするのです。それで、保育所がつらくなっていることがあります。

もう1つは、ちょっとお母さんに甘《あま》えたいとか、下の子にお母さんを取られたような気がして、寂《さび》しい思いをしているけど、もうお姉ちゃんだから言えない、などです。

休んだら、お母さんと一緒《いっしょ》にいる時間ができるわけですから、それで気持ちは満たされます。そうやって満たされていくと、だんだん家にいるのが退屈《たいくつ》になって、また行く、というようになってきます。

そんなに悠長《ゆうちょう》に構えられない場合は、一応、保育所には連れていくけれど、帰ってきたら時間を取って、しっかりスキンシップをしたり、「甘《あま》えてきたな」と思ったら、じゅうぶん構ってやったりすることです。それには、家族の協力も必要になります。

理由がわからないということもありますが、甘《あま》えが満たされ、「自分は大切にされている」と感じることができれば、必ず意欲となって現れます。「4月のクラス替《が》えが原因かな？」などと思っていても、気がつけば友達《ともだち》ができ、自分からうれしそうに「保育所に行く！」と言いだしたりします。

それをただ、「甘《あま》えるな！」みたいに厳しく怒《おこ》るだけで、その背景を考えることなく無理やり行かせることを続けていると、そのときは症状《しょうじょう》がなくなっても、やがて、小学校、中学校になってから、不登校などの形で出てくることもあります。ということは、症状《しょうじょう》がなくなったのは、本当によくなったからではなく、子どもがあきらめて、イヤな気持ちを心の底に封《ふう》じ込《こ》めてしまっただけだった、ということです。

「仕事も休めないし、子どもの心も心配だし」と、悩《なや》みは尽《つ》きないと思いますが、お母さんが迷っているままが、ちゃんと甘《あま》えをキャッチしていることになるので、その点では、そんなに心配ないのではないかと思います。

×甘えグセがつくと思って、無理やり行かせる

○「行きたくない」という気持ちを酌む

育てにくいと感じる子

Q 育てにくい子と感じていましたが、乳幼児健診で、「広汎性発達障がいの疑いがある」と言われました。どのように受け止め、育てていけばいいでしょうか。

育てにくいと感じるお子さんを、お母さんは、よくここまで育ててこられたと思います。

健診《けんしん》で発達障がいの疑いがあると言われたとのことですが、最近はそういう知識が広まってきて、診断《しんだん》される人も増えているようです。健診《けんしん》では、「可能性があるので、その後の成長を見ましょう」という段階です。

発達障がいの人は、現在では、だいたい50人から１００人に1人ぐらいいるといわれています。人とのコミュニケーションが苦手な面がありますが、決して育て方に問題があったわけではありません。その子が持って生まれたものです。ただ、固定したものではなく、今後の関わり方によって、その子なりに成長していくといわれています。

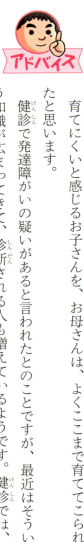

発達障がいは、一言でいうと、「能力のでこぼこがある」状態です。得意なものには、とても力を発揮するけれど、苦手なものは、かなり苦手。特に人と関わるときに、苦手な面が目立つことが多いです。しかし逆に、能力を発揮した人も多く、歴史上で有名な科学者や数学者の中には、今なら発達障がいと診断《しんだん》される人が、けっこういたのではないかといわれています。

苦手な面も、成長するにつれて伸《の》びていくものです。お子さんの様子を見て、「できること」と「できないこと」を見極め、わからないことは専門家に相談しながら考えていかれたらいいと思います。

発達障がいがあるにせよ、ないにせよ、子どもが幸せな人生を歩めるかどうかは、やはり自己肯定感《じここうていかん》にかかっています。「自分は大切な存在なんだ」「愛されているんだ」「自分も人の役に立てるんだ」という感覚が土台にあれば、多少、能力にでこぼこがあっても、自信を持って明るく生きていくことができます。

しかし、「ダメな子」「わがままな子」と言い続けられた子どもは、だんだんと自信を失い、萎縮《いしゅく》し、ストレスをため込《こ》んでしまいます。そのことのほうがよほど心配です。

最近は、発達障がいの子どもの事件が時々取り上げられますが、障がいがあるから事件を起こすのではなく、やはり、いろいろなストレスを抱《かか》えているのです。

子どもの現実が認められることなく、「この子はそんなはずがない。やる気がないだけだ、怠《なま》けているからだ」と、ガンガン叱《しか》られてばかりいると、自己肯定感《じこうていかん》自体が低くなってしまいます。これを二次障がいといいます。発達障がいは生まれつきですが、二次障がいは情緒障《じょうちょしょう》がいであり、周囲の接し方によるものです。

「やればできる」のではなく、本当にできないのです。「できなかったのに、無理言ってごめんね」と見ていくことが大切なのです。

「この子はこの子でいいんだ。いいところがたくさんあるし、がんばっている」と、まず認めることだと思います。親に認められた子は、幸せに育ちます。

そしてお母さんもまた、「育てにくい子だ」と感じながらも、ここまで一生懸命《いっしょうけんめい》育ててこられたんだ

と思います。そういう親御《おやご》さんの子育ては、決して間違《まちが》っていないし、お母さん自身も、「私は私でいい。自分もがんばってる」とぜひ、思っていただきたいと思います。

×わがままだと思い、叱ってばかりいる

○「できること」と「できないこと」を見極める

人とのコミュニケーションは苦手だけど、この子はこの子
大丈夫？
この子なりの成長過程だわ
ケンカした
優しいし、正義感が強いし
痛いの飛んでけ〜
いいところもたくさんあるわ
私もそれなりにちゃんと言って聞かせているわけだし……
自己肯定感《じここうていかん》があれば多少能力にでこぼこがあっても、自信を持って明るく生きていくことができます

知っててよかった！

小児科の悩み Q&A

Q 早く診てもらえば、早く治るのでしょうか？

A. たくさんの子どもを診察《しんさつ》していると、「困ったなァ」と思うことがあります。熱が出てすぐに受診《じゅしん》した子です。ひどくなる前に早めに受診《じゅしん》した、というケースもそうですね。

「なぜ困るの？」という声が聞こえてきそうですが、急を要するかどうかの判断はできても、それ以上はできない場合が多いからです。結局、時間をあけてもう一度受診《じゅしん》してもらうことになり、「早めに連れていけば、早く治るだろう」というママやパパの期待にこたえられないのです。「家でゆっくり休ませておいたほうがよかった」ということになりかねません。

医師の間では、「後から診《み》るほど名医」という言葉は有名です。症状《しょうじょう》が出そろっていない初期には単なる風邪《かぜ》のように思えても、後で診《み》た医師は、比較的《ひかくてき》簡単に肺炎《はいえん》だと診断《しんだん》できる、などです。数日のうちに、いくつものクリニックを転々とする人が多い小児科では、「後から診《み》るほど名医」現象は、あちこちで起きていることと思います。

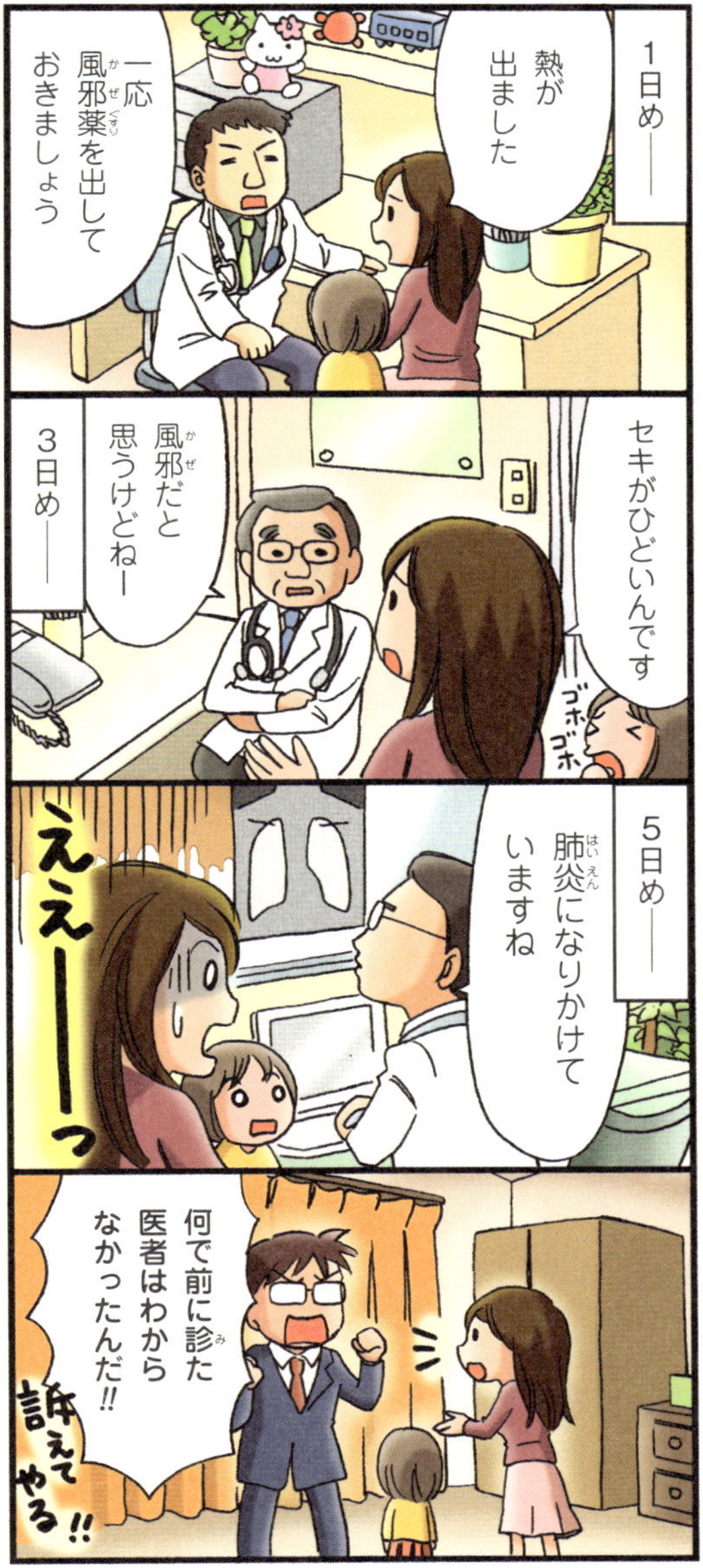

Q

保育園デビューしたのですが、毎週のように熱を出します。咳や鼻水も治りません。何とかできないのでしょうか？

A.

感染症《かんせんしょう》から子どもを守りたい。これはママやパパの切実な願いだと思います。医学もそのために日進月歩してきました。しかし、100パーセント避《さ》けて通ることはできないのです。

人は、社会の荒波《あらなみ》にもまれ、一人前の社会人としてたくましく成長していきます。**赤ちゃんも、いろんな細菌《さいきん》やウイルスにもまれ、時には苦労することもあるでしょうが、乗り切る方法を少しずつ学んでいくのです。**

といっても、大波に襲《おそ》われて立ち直れなくなってはいけませんので、特に初めのころは、周囲のサポートは欠かせません。感染症《かんせんしょう》と闘《たたか》う子どもの力を引き出せるように、ママやパパが子どものケアをすることがそれに当たりますし、医療《いりょう》も、その1つです。**経験を積んでいくうちに、やがて子どもは波を独《ひと》りで乗《の》り越《こ》えていけるようになるのです。**

水ぼうそう
ああー
ヘルパンギーナ
ザバーッ
のど痛い～
ムリ！
インフルエンザ
ザバーン
だめ～
数年後――
うまく
乗《の》り越《こ》え
られるように
なった!!
すい
すい～～♪
ゲホッ
ゴホッ
ずる
ずる

Q 予防接種は大切だと思いますが、副反応が怖くて、任意のものまで受けるかどうか悩みます。

A.

予防接種は大切だと思うけれど、副反応《ふくはんのう》が怖《こわ》くて、任意のものまで受けるかどうか悩《なや》むんですね。

おっしゃるとおり、予防接種はとても大切です。「だから受けようと思うけれど、いざ受けるとなると心配になる……」という声は、診察《しんさつ》室《しつ》でも聞くことがあります。

ワクチンの種類によって、副反応《ふくはんのう》は異なります。よく知らないことに対しては不安を覚えやすいですから、ワクチンの効果と副反応《ふくはんのう》をよく知ることが、まずは大切だと思います。

予防接種を受けたあとに、発熱や接種部位が赤くはれることがあります。これを「副反応《ふくはんのう》」といいます。

ワクチンの効果と副反応《ふくはんのう》は光と影《かげ》の関係ですから、まったく副反応《ふくはんのう》がないワクチンを作ることはできません。しかし、**最近はできるだけ副反応《ふくはんのう》を抑《おさ》える工夫がなされていますから、過剰《かじょう》に心配する必要はありません。**

めったに起こらないことですが、特に重く、緊急対応《きんきゅうたいおう》が必要な副反応《ふくはんのう》（アナフィラキシー）は、接種後30分以内に起こります。「30分は接種会場の近くにいるか、すぐに接種医と連絡《れんらく》が取れるようにしておきましょう」と案内されるのは、このためです。

Q

「風邪のとき、抗生物質はのませないほうがいい」と言うママ友達がいるのですが、本当ですか？

A.

大ざっぱに言うと「抗生物質《こうせいぶっしつ》＝抗菌薬《こうきんやく》＝抗菌剤《こうきんざい》」です。言葉が違《ちが》うだけで、同じ物です。より正確に言うと、抗生物質《こうせいぶっしつ》は抗菌薬《こうきんやく》、抗菌剤《こうきんざい》より広い範囲《はんい》の物を指します。**抗菌薬《こうきんやく》は読んで字のとおり、細菌《さいきん》をやっつける薬です。悪さをしている細菌《さいきん》だけでなく、体にすんでいる善《よ》い細菌《さいきん》もやっつけてしまいます。**鼻・のど・皮膚《ひふ》・腸などには多くの「善《よ》い細菌《さいきん》」が存在して（常在菌《じょうざいきん》といいます）、ウイルスや細菌《さいきん》の侵入《しんにゅう》を防ぐのに、大切な役割を担《にな》っています。抗菌薬《こうきんやく》は常在菌《じょうざいきん》にも影響《えいきょう》を及《およ》ぼすのです。

「熱が出たら必ず抗生物質《こうせいぶっしつ》」「ケガをしたら必ず抗菌剤《こうきんざい》」という考え方はメリットが乏《とぼ》しく、デメリットが多いことがわかってきました。「とりあえず抗生物質《こうせいぶっしつ》を出しておく」というのは古い考え方で、最近は少数派になりつつあります。

また、**風邪《かぜ》の原因の80〜90パーセントはウイルスだといわれています。抗生物質《こうせいぶっしつ》はウイルスには効きません。**このことからも、「風邪《かぜ》を引いたらすぐに抗生物質《こうせいぶっしつ》」というのは、あまり好ましくないと思います。

抗生物質《こうせいぶっしつ》は細菌《さいきん》をやっつける薬です
困ったときはオレを呼べ!!
困ったことに悪い細菌《さいきん》だけでなく善《よ》い細菌《さいきん》までやっつけてしまいます
コラ!
たまらん!!
イヤー
おまえも菌だな!!
はりきりすぎだよっ
そしてウイルスには効きません……
オレたちカゼウイルス
ベー
ベー
うぬー!!
おまえなんか怖《こわ》くも何ともナイ
熱が出たら抗生物質《こうせいぶっしつ》、というのは最近ではデメリットが多いことがわかってきました
ホントに必要かまだわからないから、今日は抗生物質《こうせいぶっしつ》は出しません
フッ
あばよ

Q 湿疹が心配なときの離乳食はどうしたらいいですか？

A

乳児の湿疹《しっしん》と離乳食《りにゅうしょく》は、深い関係があります。皮膚《ひふ》の症状《しょうじょう》がどのような食品で出たり、ひどくなったりするか。よく観察することが、とっても大事なんです。

乳児の３大アレルゲン（アレルギー反応《はんのう》を引き起こすもの）は、「卵・牛乳（乳製品）・小麦」です。食べさせて口の周りが赤くなる、あるいは、体にじんましんが出たり、湿疹《しっしん》が悪化したりする場合は、医師の診察を受けるまで、その食品は控《ひか》えたほうがよいでしょう※。成長するにつれて、卵・牛乳（乳製品）・小麦に対するアレルギー反応《はんのう》が起こりにくくなってきます。

どうしても周囲と比較《ひかく》してしまって、「隣《となり》の子が離乳食《りにゅうしょく》を始めた」と聞くと、「ウチもそろそろ……」とあせってしまいますが、「よそはよそ、ウチはウチ」と、どっしり構えられるようになりたいものです。

※じんましんや湿疹が出る場合は、食物アレルギーに詳しい医師に早めに相談することをお勧めします。

Q うちの子は、食が細いのですが……。

A.

「うちの子は、食が細い……」と思われるのですね。多くの方から、その心配を聞きます。**アメリカの有名な小児科の教科書『ネルソンテキストブック』には、「1歳ごろから子どもは食べ物に関心を示さなくなり、あまり食べなくなる」と書かれてあります。**発育が緩《ゆる》やかになることもあって、以前ほど食べなくてもよくなるのでしょう（もちろん、個性や個人差がありますから、1歳を過ぎてたくさん食べる子がいたとしても、おかしくありませんよ）。

こういった悩《なや》みは、お子さんの栄養のこと、体のことを心配しているからこそ出てくる悩《なや》みです。忙《いそが》しい中でも、かわいいお子さんのために一生懸命《いっしょうけんめい》がんばっておられるママ（パパも）には、本当に頭が下がる思いです。

無理に食べさせようとするのは、ママも子どももつらいことです。栄養のバランスを考えるのは大切で、離乳食《りにゅうしょく》は和風中心がよいですが、1歳を過ぎると食が細く、好《す》き嫌《きら》いが多くなるものですから、楽しく食事することを優先すればよいと思います。

でも2人とも元気いっぱいで、何か問題があるようには見えないわね……
きゃあ
きゃあ
きゃあ
1人1人適量が違《ちが》うっていうのは、本当なのかもね
そうねぇ……
テレビを見てても、すごく食べるのにほっそりした体の人もいるしね
おいしい！
そういえば私もポッチャリしてるけど、案外小食なんだ……
体質の違《ちが》いかな
あきらめたら楽になった〜
楽しく食事をするほうが大切！
ハイハイおかわりね
もっとー
もっとー
ピョピョ
この子はこれで足りているんだわ
ごちそうさまでしたー

3年後――
入学式
最近ケンちゃんスリムになってきたんじゃない？
そうなの、「ややポッチャリ」かな
食べる量は相変わらずだけど
うちもやせてるからって、ほかに何か困ったこともなかったわ
丈夫だし
小さいときはただただ一生懸命《いっしょうけんめい》で気がつかなかったけど、
子どもの体形のことで親があれだけ悩《なや》むほどのものでもなかったなー
あはは
やっぱり親が笑顔《えがお》でいられるのがいちばんよね
親が楽になれば、子どもも楽になれるんだから
は――い
写真撮るよー

Q 受診したのに、病名がハッキリしなかったのですけれど……。

A.

「前の病院で、病名がハッキリしなかったのですけれど」と言って受診《じゅしん》された方がありました。よく聞いてみると、すでに治療《ちりょう》も問題なく進んでいて、私の所ではそれ以上することがありません。「キチンとした病名がわからないというのは、よくあることなんですよ。だからといって、適切な対処ができないわけでもないんです」と説明し、そのほかの疑問にもできるだけお答えするようにしたところ、納得して帰られました。

病名にとらわれてしまうお気持ちはわかりますが、「わからないこと」を何とかしようとするよりも、できる対処から始めていけばいいんですね。

ピンクのお花
きれいだねー
あら、口元に赤いできものが……
こんなのあったかしら
気になりだしたら止まらない！
ちょっとネットで調べてみよう！
おはな〜
乳児湿疹……
皮膚カンジダ
あせも
とびひ……
水いぼ
じんましん
虫さされ……
サーモンパッチ
突発性発疹
はしか、風疹
水ぼうそう
ヘルペス……？？
おそといくーー!!
ダン
ダン
何の病気……？
変な病気だといけないから病院に行っておいでよ
おそと〜
ちょっと病院へ行こう!!
顔のことだし！
ビュー

ああ、少し炎症《えんしょう》を起こしてますね
この薬を塗《ぬ》って様子を見ましょう
大丈夫《だいじょうぶ》なんでしょうか。悪い病気じゃないんでしょうか
それはないですよ
治ったらもう薬はいいですから
……
お帰り！
何だったの!?
それが……ハッキリしなくて……
なーんだ、わからなかったの？大丈夫《だいじょうぶ》なんかねえ。誤診《ごしん》ということもあるし、もう一軒《いっけん》行ってきたら？
そうですよね
残念そうな目
B病院
よーし今度こそ！
病名……？病名っていうか……
そんな大ゲサなものじゃないですよ
若い先生……大丈夫《だいじょうぶ》かなあ
やっぱり明日、大学病院へ行こうかな……
ギン
ギン
気になって眠れない

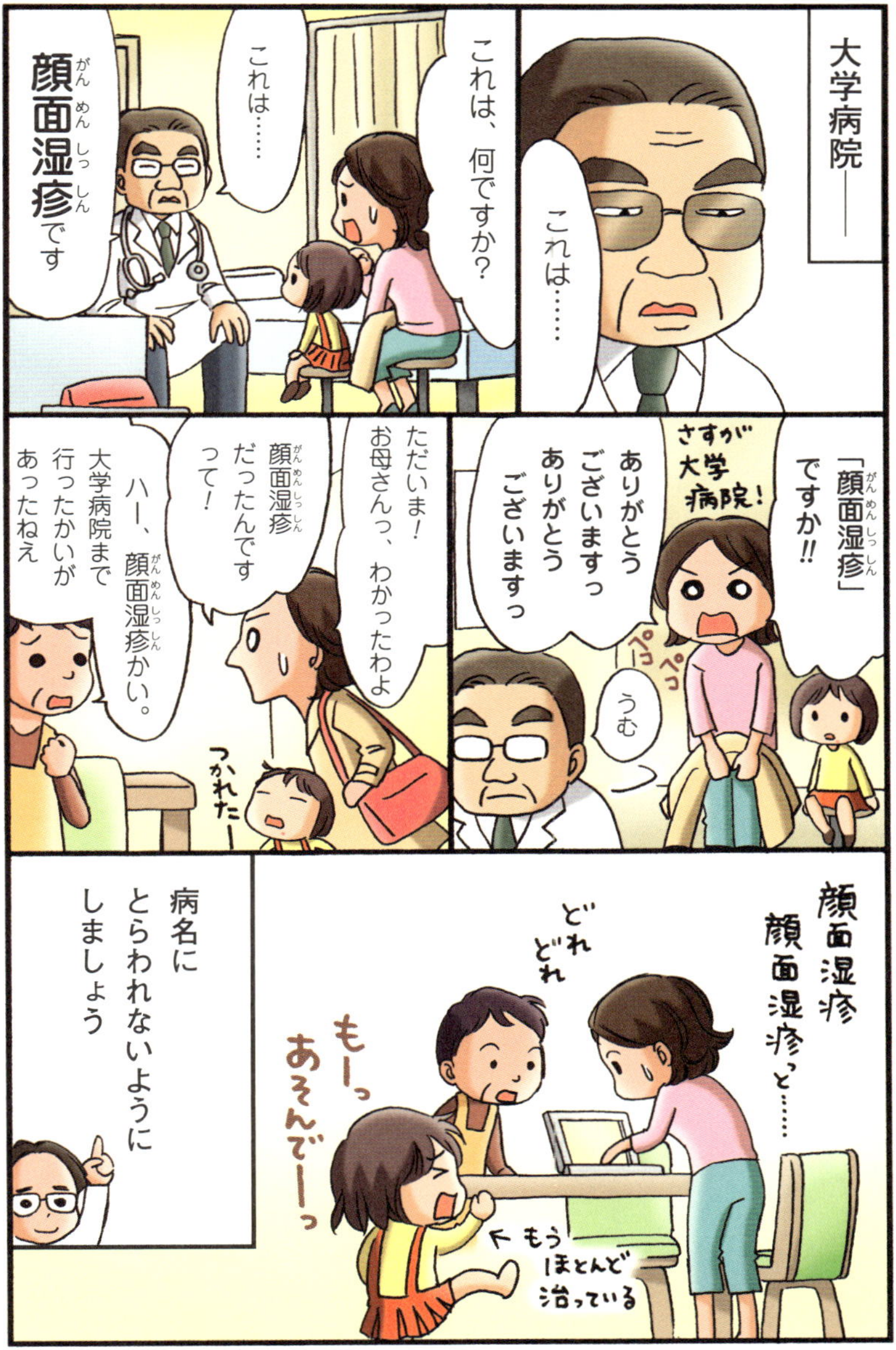
大学病院――
これは……
これは、何ですか？
これは……
顔面湿疹《がんめんしっしん》です
「顔面湿疹《がんめんしっしん》」ですか!!
さすが大学病院！
ありがとうございますっ ありがとうございますっ
ペコペコ
うむ
ただいま！ お母さんっ、わかったわよ
顔面湿疹《がんめんしっしん》だったんですって！
ハー、顔面湿疹《がんめんしっしん》かい。大学病院まで行ったかいがあったねえ
つかれたー
顔面湿疹 顔面湿疹っと……
どれどれ
もーっ あそんでーっ
← もう ほとんど 治っている
病名にとらわれないようにしましょう

をご案内します。

次はいろいろな診療科

「もっと知りたい！」

に答えるよ

「子どもの病気のこと、もっと教えて！」

皆さんのご質問に、専門医が答えます

吉崎　達郎

子どもの健《すこ》やかな成長をサポートするのが、子どもに関わる医師に共通する役割です。

そこでこのあとは、各診療科《かくしんりょうか》の医師にバトンタッチしたいと思います。

耳と鼻とのどを専門にしているのが耳鼻科、皮膚《ひふ》を専門にしているのが皮膚科《ひふか》、

目を専門にしているのが眼科、歯の専門なら歯科ですが、子どものこと全般《ぜんぱん》を専門にしているのが、小児科です。ですから、どの科を受ければよいかわからないときは、まず「小児科」へ行くのがよいと思います。その症状《しょうじょう》によって、どの科にかかるのがふさわしいか、相談に乗るのも、かかりつけ医である小児科医の大事な役割なのです。

ただし、次のページに示したような場合は、それぞれの科を直接、受けたほうがスムーズにいくと思いますので、病院を選ぶ目安にしてください。

を受診したらいい？

＊耳だれ
＊耳の聞こえが悪いのではないか心配
＊いびきがうるさい
＊口で呼吸をしている（いつも口が開いている）
＊寝《ね》ているときに、短時間だが息が止まっているのではないかと思うことがある
＊耳痛
＊ひどい鼻水・鼻づまり

耳鼻科へ…

＊やけど
＊いぼ
＊水いぼを取りたい
＊あざの治療《ちりょう》希望
＊ほくろ
＊動物にかまれた

皮膚科へ…

＊目が一方に寄っている（斜視《しゃし》？）
＊目にゴミが入った
＊目がひどく充血《じゅうけつ》している
＊涙目《なみだめ》・目やにが何日も続く
＊視力が落ちたのでは？

眼科へ…

こんなときは、どの診療科

＊頭を打った

脳神経外科へ

＊切り傷
＊擦《す》り傷《きず》

外科へ

＊骨折したかも
＊脱臼《だっきゅう》
＊ねんざ
＊つめがはがれた

整形外科へ

＊突然《とつぜん》の激痛とともに、陰嚢《いんのう》が赤くはれる

泌尿器科へ

＊発達障がい（自閉症《じへいしょう》、ADHD、広汎性《こうはんせい》発達障《はったつしょう》がい、学習障がいなど）ではないかと強く疑っている

小児神経科あるいは児童精神科へ

耳鼻科

耳鼻咽喉科医
真鍋 恭弘
徳永 貴広

耳鼻科は、正式には「耳鼻咽喉科」といって、「耳・鼻・のど」を専門に診る所です。この３つは、つながっていますので、実はとても関係が深いのです。子どもに多い、鼻炎（鼻の風邪）、中耳炎（耳の風邪）、へんとうせん炎（のどの風邪）などは、耳鼻科の担当です。

それと、意外と知られていない耳鼻科の仕事に、「耳掃除」と「鼻水の吸引」があります。子どもは嫌がることが多いので、家で困ったときは受診してください。スッキリ取れますよ。

音楽を聴いたり、花のステキなにおいをかいだり、おいしいご飯を味わったり……。みんな、「耳・鼻・のど」が健康でないとできませんし、そのような感覚を心地よく刺激することは脳の成長にとても大切です。

鼻水が続くときは、どうすればいい？

Q 熱は下がったのですが、鼻水・鼻づまりがなかなか治まりません。耳鼻科へ行ったほうがいいのでしょうか？

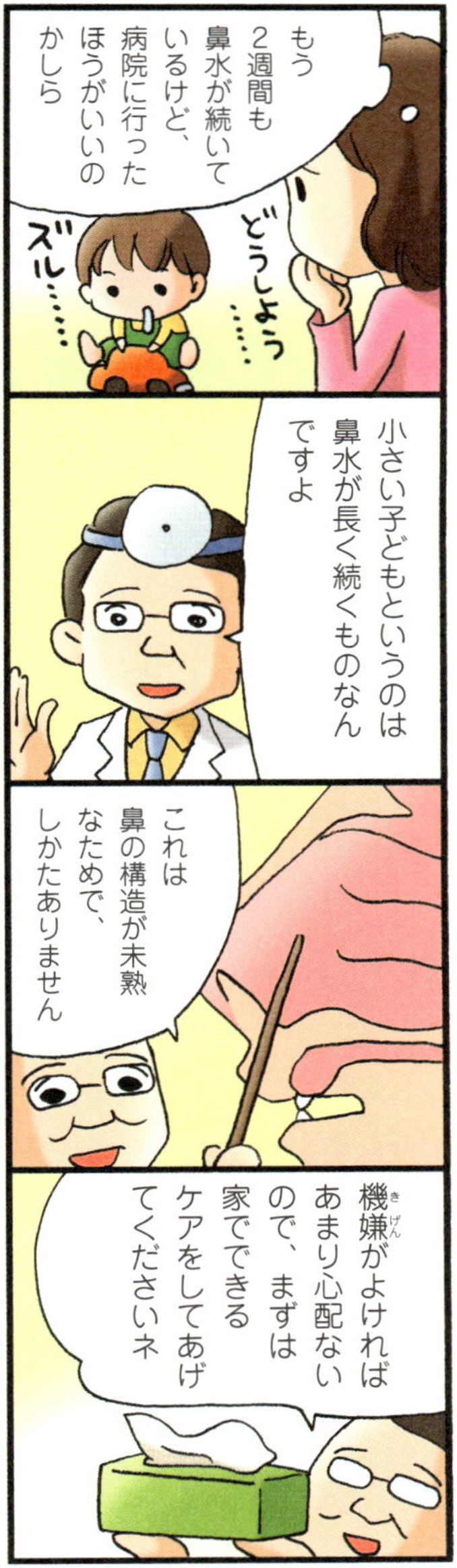

鼻水は大切な防衛反応

風邪《かぜ》を引いたときの鼻水は、外からのウイルスや細菌《さいきん》を排除《はいじょ》してくれる、大切な防衛反応《ぼうえいはんのう》です。とはいうものの、熱が下がって、1週間たっても、1カ月たっても、鼻水が続くときは、心配になりますよね。

でも、**2歳ごろまでは、鼻水の続くことはよくあること。成長とともに落ち着いていきます。これは鼻の構造が未熟なためで、機嫌《きげん》がよければあわてなくて大丈夫《だいじょうぶ》です。**まずは、家でできる鼻のケアをしてあげましょう。

大切なのは「鼻水をためないこと」

ケアで大切なのは、鼻水を吸い取ることです。鼻水がたまっていると、そこに炎症物質《えんしょうぶっしつ》をとどめてしまい、治りが遅《おそ》くなることがあるからです。また、鼻水がのどに垂《た》れ込《こ》めば、それを追い出そうとして、セキが続く原因にもなります。

赤ちゃんなら、ベビーショップなどで売っている、鼻水を吸う器具を使うといいでしょう。いろいろな器具が売られていますが、器具の先端《せんたん》がポイントで、鼻の穴にピッタリくっつけて吸うタイプ（上図）がお薦《すす》めです。最近は吸引力の強い電動式もあって便利ですが、これも同じく、鼻の穴にフィットするタイプの器具を使わないと、うまく吸い取れません。「あまり吸ったら、鼻に傷がつくのでは？」と心配されるかもしれませんが、そんなことはありません。怖《こわ》がらず、思い切って吸ってください。コツは、赤ちゃんの鼻の頭を押《お》し上《あ》げながら吸うことです。奥《おく》にある鼻水までよく吸えます。

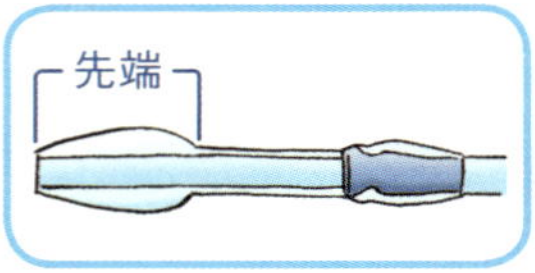

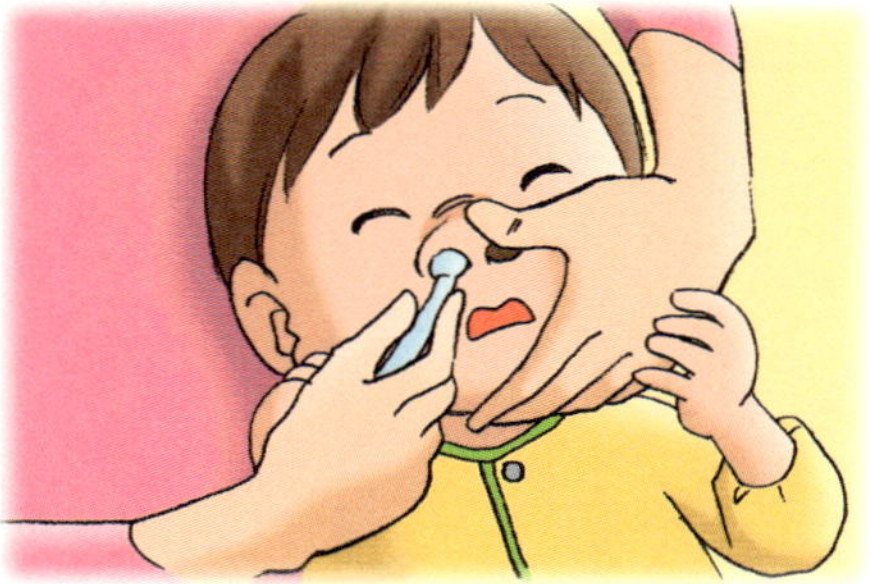

ブタのように鼻の頭を押し上げて吸うと奥の鼻水までよく吸えます

大きくなって鼻がかめるようになったら、片方ずつゆっくりと、しっかりかむようにしましょう。あまり強くかむと耳が痛くなりますし、家でうまくできないときは、耳鼻科を受診《じゅしん》してもらえばきれいに吸うことができますよ。

鼻づまりがラクになる方法

鼻づまりがひどいときは、鼻を温めたり、湿気《しっけ》を与《あた》えたりすると効果的です。鼻がつまっているときは、鼻の中の粘膜《ねんまく》がむくんで、血液の流れが悪くなっています。温めて血流がよくなると、むくみも取れ、鼻づまりが楽になります。また、固まった鼻水もやわらかくなって、出やすくなるのです。具体的には、

- **温かいぬれタオルをしばらく鼻に当てる**
- **お風呂《ふろ》に入る**

などです。鼻を温めたあと、鼻水を吸引したり、かんだりすると、通りがよくなります。

　ケアをしても、鼻づまりが強くて寝苦《ねぐる》しそうなとき、「はなすすり」をしてつらそうなときは、

鼻を温めたり、湿気を与えたりすると、鼻をかみやすくなります

一度、耳鼻科を受診《じゅしん》してください。炎症《えんしょう》が長く続いている可能性があります。

副鼻腔炎（ちくのう）と、アレルギー性鼻炎

鼻の炎症《えんしょう》が長く続いているのを、「鼻炎《びえん》」といいます。**子どもがなりやすい鼻炎《びえん》には、「副鼻腔炎《ふくびくうえん》（ちくのう）」と、「アレルギー性鼻炎《せいびえん》」があります。**

副鼻腔炎《ふくびくうえん》は、黄色いドロッとした鼻水（いわゆる青っぱな）が出る鼻炎《びえん》です。細菌《さいきん》やウイルスによる炎症《えんしょう》が鼻の中で長く続いているため、色のついた鼻水になるのです。冬に保育園で見かける青っぱなの多くは、実は副鼻腔炎《ふくびくうえん》なのですが、しばらくすると気にならなくなる子がほとんどです。細菌《さいきん》やウイルスを退治し終わると、鼻水は自然に出なくなるのです。

アレルギー性鼻炎《せいびえん》は、透明《とうめい》な鼻水が出る鼻炎《びえん》です。これはアレルギー体質によるもので、外からやってくるチリやホコリなどの異物に、過敏《かびん》に反応《はんのう》するために起こります。

お母さんが鼻水を心配して、「ちくのうかな？」「アレルギー性鼻炎《せいびえん》かな？」と思っても、

たいていは自然に治まります。また、2歳ごろまでは鼻の構造上、よく鼻水が出るものです。ただ、それより大きい子どもで、2週間以上続いているときは、鼻炎《びえん》の可能性を考えて耳鼻科にかかったほうがよいでしょう。

耳鼻科ならではの「鼻ミスト」

副鼻腔炎《ふくびくうえん》やアレルギー性《せい》鼻炎《びえん》の場合、必要に応じて、炎症《えんしょう》を抑《おさ》えたり、鼻水を出しやすくしたりする薬を処方します。それに加えて、ネブライザー（吸入器）で薬の霧《きり》（ミスト）を、鼻の中に行きわたらせれば効果が高まります。

耳鼻科では、鼻の中をしっかり確認し、鼻水をきれいに吸ったうえで吸入を行いますので、治療《ちりょう》の効果は倍増します。

なら一度、病院に行ってみるか……
その場合、小児科に行ったらいいの？　それとも耳鼻科？
どちらに行かれても鼻水の対処は適切にしますし、「ちくのう」「アレルギー性鼻炎《せいびえん》」かどうかもわかります
行きやすい所があれば、どちらを選択《せんたく》されても問題はありません
ただやはり、「鼻」「耳」に関することは
耳鼻科のほうがより専門的な分野です
パオーン
鼻の中をきれいに掃除《そうじ》してから吸入ができるのは耳鼻科だけですし
この機会に耳鼻科のかかりつけ医を見つけてみてもいいですね
シュー
これがネブライザーです

風邪を引くとなる「中耳炎」の謎

Q うちの子は風邪を引くと、よく中耳炎になるのですが。

その正体は、「耳の風邪」

「鼻の風邪《かぜ》」や「のどの風邪《かぜ》」はよく聞きますが、「耳の風邪《かぜ》」という言葉は聞きませんよね。でも、**「耳・鼻・のど」はつながっていますから、風邪《かぜ》を引けば、それが耳にうつることがあるのです。**それを「耳の風邪《かぜ》」と呼ぶなら、「耳の風邪《かぜ》」イコール「中耳炎《ちゅうじえん》」といえます。

耳と鼻は、「耳管」という細い管でつながっています。エレベーターやトンネルで、耳が詰《つ》まったように感じたとき、あくびをしたり、つばをのみ込《こ》んだりすれば、パカッと元に戻《もど》ります。あれは、耳管が開いて、中の気圧が調整された状態です。

小さいうちは、その耳管が太くて短いため、鼻からウイルスや細菌《さいきん》が耳に入りやすく、中耳炎《ちゅうじえん》になることが多いのです。

3歳ごろまでは、「風邪《かぜ》を引くたびに中耳炎《ちゅうじえん》になる」という子どももいますが、決してクセになるということはありません。

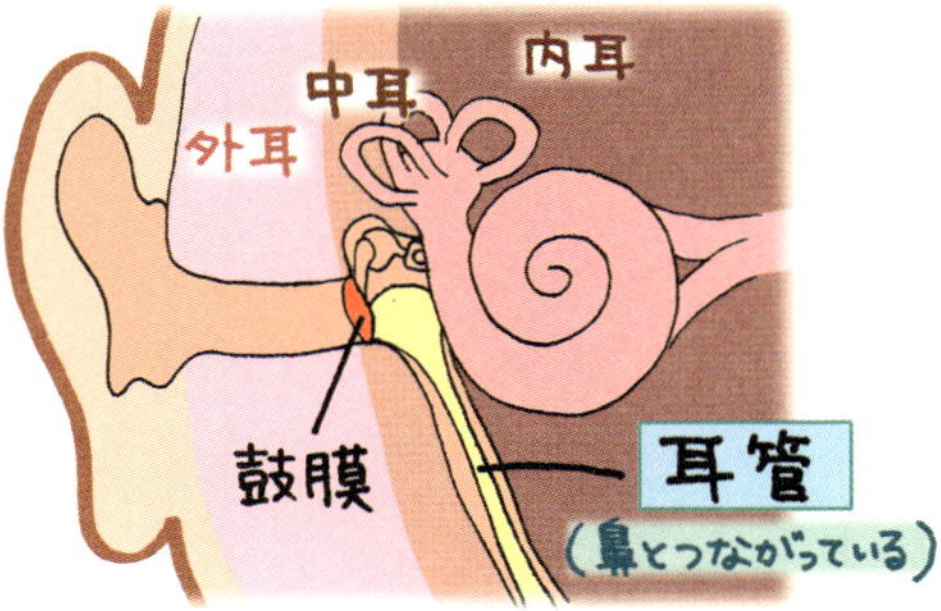

小学校に上がるころには、ずっと減りますよ。

中耳炎《ちゅうじえん》には、大きく分けて2つあります。「痛い中耳炎《ちゅうじえん》（急性中耳炎《きゅうせいちゅうじえん》）」と、「水がたまる中耳炎《ちゅうじえん》（滲出性中耳炎《しんしゅつせいちゅうじえん》）」です。

「痛い中耳炎」の応急手当て

耳に鼻風邪《はなかぜ》の炎症《えんしょう》がうつったのが、急性中耳炎《きゅうせいちゅうじえん》です。突然《とつぜん》、「耳が痛い」と言って泣きだしますので、本当にあわててしまいます。特にそれが夜中の場合、「すぐに受診《じゅしん》しないと、このまま耳が聞こえなくなってしまうのでは？」などと思ってしまいますが、その心配はいりません。すぐに受診《じゅしん》しなかったことで、聞こえが悪くなるということはありません。

落ち着いて、痛み止めがあれば、使ってください。小児科で処方される「解熱剤《げねつざい》」は、痛み止めにもなりますので、飲み薬でも座薬でも、解熱用《げねつよう》に処方されたのと同じ分量を使って大丈夫《だいじょうぶ》です。「熱がないのに解熱剤《げねつざい》を使ったら、体温が下がるのでは？」という心配はいりません。市販《しはん》の子ども用解熱薬《げねつやく》でも大丈夫《だいじょうぶ》です。

薬が手元にないときは、タオルや氷嚢《ひょうのう》で耳元を冷やしてください。手足のケガで赤くはれたとき、そこを冷やすと痛みが治まるように、中耳炎《ちゅうじえん》も痛み始めの30分ほど冷やせば、次第に痛みは治まっていきます。治まれば、翌朝の受診《じゅしん》でも決して手遅《ておく》れになるような病気ではありません。

赤ちゃんの場合、痛いと言わないのでわかりにくいのですが、「泣きやまない（不機嫌《ふきげん》）」「耳を気にしている」「耳だれがある」などの症状《しょうじょう》があれば、一度、耳鼻科を受診《じゅしん》したほうがいいですね。

軽い中耳炎《ちゅうじえん》の多くは、自然治癒力《しぜんちゆりょく》で治ります。ただ、炎症《えんしょう》がひどいときは、飲み薬や、点耳薬を処方します。場合によっては抗《こう》生物質《せいぶっしつ》を使いますが、短期間にピンポイントで使用しますので、抗生物質《こうせいぶっしつ》だからといって、副作用を心配することはありません。

また、耳のことで受診《じゅしん》しても、耳鼻科では必ず、鼻も診察《しんさつ》します。中耳炎《ちゅうじえん》の元は鼻にありますから、同時に治療《ちりょう》することが大切なのです。

1つお願いしたいのは、治療《ちりょう》が始まったら、「痛い」と言わなくなっても、次の診察日《しんさつび》には必ず来てほしいということです。痛みがなくなったからといって、中耳炎《ちゅうじえん》が治ったわけではないのです。治るまで、1、2週間かかるのがふつうです。

急性中耳炎の対処法

冷やす

痛み止め

解熱剤
（鎮痛効果があります）

どうも聞こえが悪い?と感じたら

「え〜? 痛くない中耳炎《ちゅうじえん》なんてあるの?」という声が聞こえてきそうですが、実はあるのです。

ふつう、炎症《えんしょう》で耳の奥《おく》に水(粘液《ねんえき》)が出てきても、耳→耳管→鼻→のどへと運ばれ、胃の中へのみ込《こ》まれてしまいます。だから、耳には水がたまらないのです。

ところが、**鼻炎《びえん》で鼻の粘膜《ねんまく》がむくんでいたり、鼻水がたまっていたりすると、その流れがストップし、耳の中にも水がたまってしまいます。これを「水がたまる中耳炎《ちゅうじえん》(滲出性《しんしゅつせい》中耳炎《ちゅうじえん》)」といいます。**

通常の場合

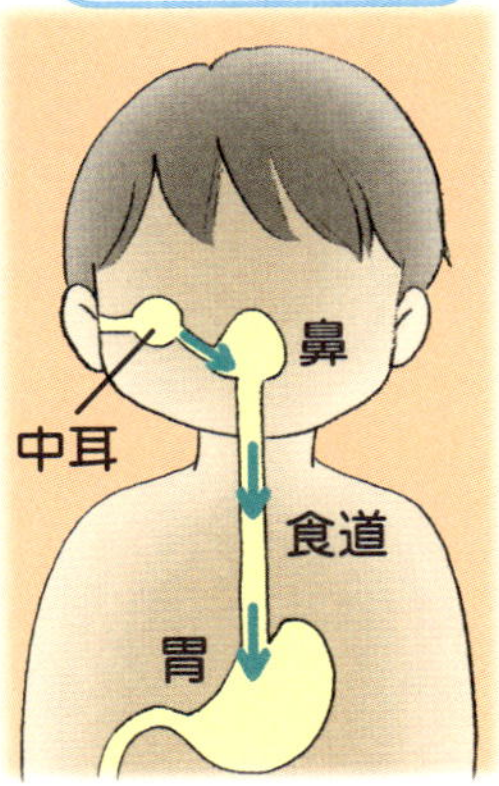

耳の奥に水が出てきても、ふつうは鼻からのどへ運ばれ胃の中へのみ込まれていきます

滲出性中耳炎

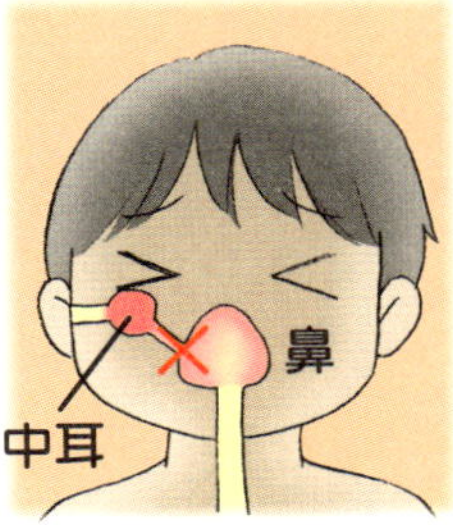

鼻の粘膜がむくんでいたり、鼻水がたまっていたりすると水の流れはストップし、中耳にたまってしまいます

「最近、声をかけても返事をしないことが多いな」というのは、小さい子どもにはよくあることですが、**どうも聞こえが悪い？と感じたら、もしかしたら耳に水がたまっているのかもしれません。一度、耳鼻科を受診《じゅしん》してみてください。**耳にたまった水が取れれば、聞こえは元に戻《もど》りますから心配しなくても大丈夫《だいじょうぶ》です。

治療《ちりょう》には、飲み薬、耳への風通し、※それから鼻水の吸引や、鼻への薬の吸入があります。

最近はよい飲み薬もでき、「中耳炎《ちゅうじえん》になったら、通院がたいへん！」ということもなくなりました。通院回数は、だいたい週に1回程度になってきているようです。

※耳への風通し

図のようなポンプで鼻から耳管に風を入れ、耳の中を乾《かわ》かす治療法《ちりょうほう》です。たまった水は、乾《かわ》かせば治ります。痛みはなく、家でできる「オトベント」という風船治療《ふうせんちりょう》もありますので、詳《くわ》しくは耳鼻科医にご相談ください。

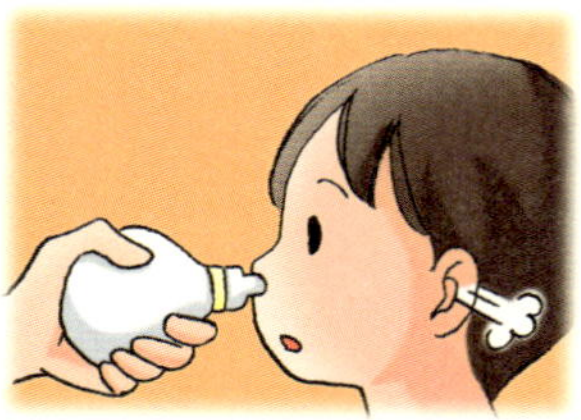

ばぁーっ
きゃきゃきゃきゃ
ん?
ダラーン
ギャー
どうした!?
ばんっ
へなー
み、耳から見たコトもない液体が○♨#¥Z……
何だコレは!!
耳が聞こえなくなったらたいへんだ!!
きゅ、救急車!!
いや、救急センターでしょ!!
あわあわ
あわ
あわわ
あわわ
あぶー
センセーお話してるよ
中耳炎《ちゅうじえん》はそれほど急を要する病気ではありませんし、耳が聞こえなくなる心配もありません
痛いときは痛み止め、解熱剤《げねつざい》を使うか、冷やすなどして対処してください
保育園に行ってもいいですが
一度受診してくださいね

「鼓膜切開」「チューブ挿入」は恐ろしい？

「水がたまる中耳炎《ちゅうじえん》」が、なかなか治らないときには、「鼓膜切開《こまくせっかい》」や「チューブ挿入《そうにゅう》」という治療法《ちりょうほう》があります。何だか聞くだけで恐《おそ》ろしくなってきますが、**医師から「鼓膜切《こまくせっ》開《かい》が必要です」と言われても、そんなに落《お》ち込《こ》むことはありません。**実際は、耳の穴に少し麻酔薬《ますいやく》を垂らし、鼓膜《こまく》をチョンとつついてうみを出したり、そこに長さ3ミリほどの小さなストロー状のチューブを入れて、風通しをよくしたりするものです。**痛みはありませんし、治療《ちりょう》はすぐに終わります。**鼓膜《こまく》は、切っても穴を開けても、再生しますし、日常生活が制限されることもありません（プールで深いところまで潜《もぐ》るようなときは、耳栓《みみせん》が必要です）。このチューブは、たまっている水の量によって、数カ月で自然に抜けるタイプの物から、2年くらい入れたままの物まで、種類はまちまちです。

プールで、中耳炎にはなりません

「プールで中耳炎《ちゅうじえん》になる」といわれることがありますが、これは間違《まちが》いです。

中耳炎《ちゅうじえん》というのは、鼓膜《こまく》の内側（中耳）に、細菌《さいきん》やウイルスが入ることをいいます。仮に外から水が入ってきても、水は鼓膜《こまく》でブロックされ、内側には入ってきません。プールでよくいわれるのは、外耳炎《がいじえん》（鼓膜《こまく》の外の炎症《えんしょう》）です。だから、**「外耳炎《がいじえん》がひどくなって、中耳炎《ちゅうじえん》になる」ということもないのです。**ただ、プールと中耳炎《ちゅうじえん》は関係がないといっても、強い炎症《えんしょう》があって耳が痛いときは、控《ひか》えたほうがいいでしょう。痛みがなければ入れますが、心配なら耳鼻科医に聞いてください。

中耳炎《ちゅうじえん》で通《かよ》っていた子と、そのお母さんに、「治りました」と説明すると、皆《みな》さん、「プールに入れますか？」と聞かれます。そんなときは、必ず「大丈夫《だいじょうぶ》ですよ」と答えています。その瞬間《しゅんかん》の子どものうれしそうな顔を見ると、こちらまでうれしくなります。

もちろん、お風呂《ふろ》のお湯が耳に入って中耳炎《ちゅうじえん》になるということもありませんので、安心してください。ですから、赤ちゃんを入浴させるときも、耳をふさぐ必要はありません。

最近の
新生児入浴法
では
耳を
耳たぶで
押さえません
プカ〜

花粉症の原因、調べます

Q 最近、花粉症が増えているそうですが、子どもにも多いのですか？

夏に増えた、子どもの花粉症

アレルギー性《せい》鼻《び》炎《えん》のうち、花粉が原因のものを「花粉症《かふんしょう》」といいます。有名なのが春に起きる「スギ花粉症《かふんしょう》」ですが、時々、お母さんの中に、「何年も前から、夏になるとよく鼻水を出していますが、花粉症《かふんしょう》とは季

節が違《ちが》うし、そのうち治るので放っていました」と言う人があります。**実は、これは、最近、子どもに増えている雑草の花粉症《かふんしょう》なのです。**スギの季節が終わった、5月から7月に花粉を飛ばす草が原因で起こります。

元気にグラウンドを走り回る子どもに多く、耳鼻科に行けば、血液検査ですぐに診断《しんだん》できます。

鼻炎《びえん》を起こさせるようなホコリやダニ、花粉などは、その種類まで検査で特定することができます。原因がわかれば、悪化を防ぐ方法は、いろいろありますので、鼻水が気になったら、受診《じゅしん》してみてください。

また、ダニアレルギーやスギ花粉症《かふんしょう》は、舌下免疫療法《ぜっかめんえきりょうほう》という、根本から治す治療《ちりょう》が小児でもできるようになりました。

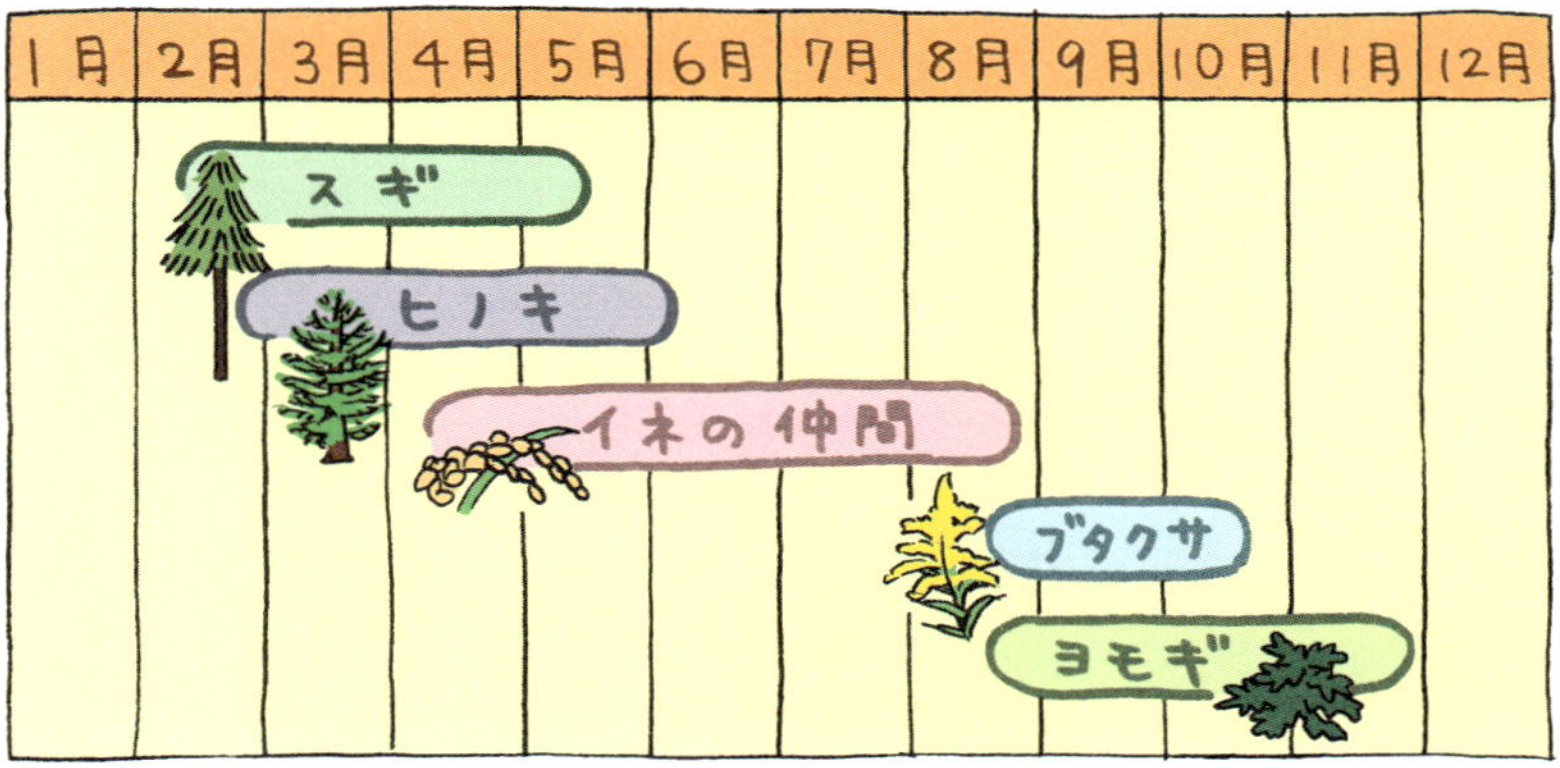

花粉症や鼻炎の悪化を防ぐ方法

花粉の場合

・原因となる花粉が飛んでいる時期には、家に入る前に体をはたいて、できるだけ花粉が家に入らないようにする

・花粉の飛んでいる時期には、布団や洗濯物を外に干さない

・帰ってきたら手洗い、うがいを行う

ハウスダスト（ホコリやダニ）の場合

・布団をよく乾燥させ、ダニを退治する

・可能ならじゅうたんを外して、フローリングにする

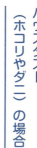

気持ちのいい耳掃除のコツ

Q 耳掃除を嫌がって、したがりません。耳あかがたまりすぎて、病気になるようなことはありますか？

耳あかは外に押し出されるようにできています

「耳あかは、毎日掃除《そうじ》したほうがいいのですか？」と、聞かれることがありますが、毎日する必要はありません。多くても月に2、3回でよいですし、かえって触《さわ》らないほうが耳のためになることがあります。

耳の穴（外耳道）も、手や足と同じ皮膚《ひふ》でできています。皮膚《ひふ》から常に、あかがはがれ

落ちているように、耳の穴でもあかがはがれ落ちています。それが耳あかの正体です。耳あかは、基本的に外に押《お》し出《だ》されていくようにできていますし、たった1日でたくさんたまるようなこともありません。

むしろ、耳かきで耳の中を頻繁《ひんぱん》にいじると、傷ができてしまい、感染の原因になります。また、風呂上《ふろあ》がりに綿棒を使うと、特に耳の穴が小さい場合には、ぬれた耳あかをどんどん奥《おく》へ押《お》し込《こ》んでしまって、耳栓《みみせん》のようになることがあります。

家で耳掃除をするときのポイント

耳あかは、どこでできるのかというと、耳の穴の入り口から半分までの場所です。ということは、奥《おく》の半分は掃除《そうじ》する必要がないのです。

子どもの耳を見て、お母さんの見える範囲《はんい》に耳あかがあれば、細い綿棒を使って払《はら》い出《だ》してください。「もっと奥《おく》はいいの？」と思われるかもしれませんが、見えない奥《おく》のほうを、無理にのぞ

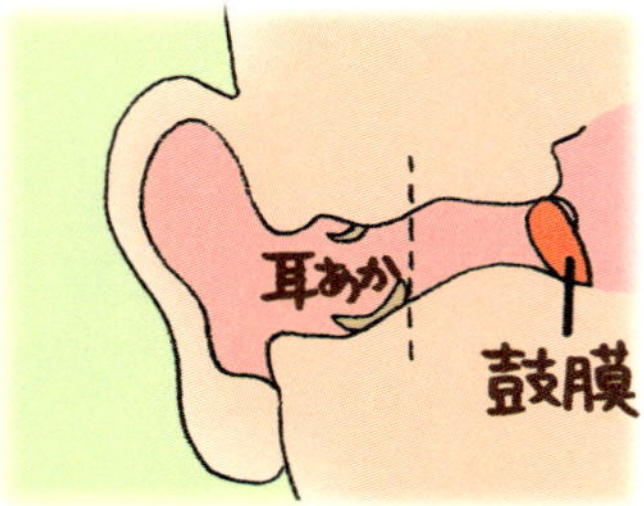

耳あかのできる場所は耳の穴の入り口から半分までです

き込《こ》んで穴掘《あなほ》りをする必要はないのです。奥《おく》に綿棒を入れても、耳あかはありませんし、むしろ耳あかを押《お》し込《こ》んでしまうことになります。

見える所だけでいいのですから、少しは気が楽になりませんか。

といっても、小さな耳の掃除《そうじ》は難しいものです。なかなか取れない場合や、固い耳あかが詰《つ》まっているとき、また、耳だれが出てきたときは、無理せず受診《じゅしん》してください。

「いびき」がパパより気になるとき

Q うちの子は、いびきがひどいのですが……。

赤ちゃんは案外、いびきがすごい

2歳ごろまでは、鼻水・鼻づまりが多く、「赤ちゃんなのに立派ないびきをかいている」ことは、よくあります。**しっかり眠《ねむ》れているようなら、そんなに心配することはありませ**

ん。

パパのいびきよりも気になる（！）ときや、日中も眠《ねむ》そうにしている、いつも口を開けて口呼吸をしているような場合は、一度、耳鼻科を受診《じゅしん》してください。鼻炎《びえん》だったり、鼻の奥《おく》やへんとうせんがはれたりしていることがあります。

皆《みな》さんも、鼻がつまったときはつらいですし、集中力が低下しますよね。子どもの場合、それが学力や体の成長に関わってくることもありますので、少し注意してあげてください。

赤ちゃんのいびきは案外すごいものですが……

コラム

「ママの声が届いていますよ」

ママが赤ちゃんに声をかけるときって、いつもより声のトーンが高いですよね。

ママだけではなく、パパも、おじいちゃんも、おばあちゃんも、みんな赤ちゃんに声をかけるときは、トーンが上がります。ドスのきいた声で、赤ちゃんに語りかける人はいません。

実は、これは理にかなっているのです。

「大きな笛」と「小さな笛」を想像してみてください。大きな笛を吹《ふ》くと低い音が鳴りますが、小さな笛は高い音が鳴ります。

大人と比べて、赤ちゃんの耳の穴は、小さくて短いですよね。

だから、笛と同じように、赤ちゃんの耳には、高い声がよく響《ひび》くのです。

しっかりと声が届くよう、知らず知らずのうちに人間は、高い声で赤ちゃんに語りかけるようになったのかもしれません。


まだ言葉もしゃべらない赤ちゃんには、「本当に声が聞こえているの？」と思うかもしれませんが、「○○ちゃーん。ママですよ！」とかけているその声は、確実に届いているのです。

そして、ママの声を聞いて、赤ちゃんは言葉をしゃべる準備をしているのです。


どんどん声をかけてあげてくださいね。

皮膚科

皮膚科医
花川 博義

子どものことで、「皮膚の悩み」は意外と多いのではないでしょうか。

「おむつかぶれ」に始まり、「あせも」「虫刺され」「とびひ」……。子どもの感染症には、ブツブツの出る病気がけっこうありますし、食物アレルギーを起こしやすいのも、乳幼児期です。情報がはんらんしている「アトピー性皮膚炎」も、親御さんには心配のタネになっているようです。

「もちはもち屋」といわれます。

皮膚科医は、発疹が出なければ手も足も出ませんが、ひとたび発疹が出れば、皮膚科の守備範囲です。答えはすべて皮膚に書いてありますので、今回はその解読法を、少し伝授しましょう。

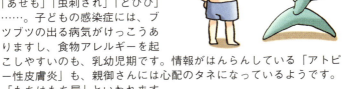

この発疹は何？
——解読の手引き

Q 子どもの体に発疹が出ると、「何の病気？」と、とても不安になってしまいます。ある程度の区別のしかたがあれば教えてください。

発疹《ほっしん》の見方のポイントは、３つあります。

① 消えるか、消えないか。
② 左右対称《さゆうたいしょう》か、非対称《ひたいしょう》か。
③ かゆいか、かゆくないか。

「疾風のように去っていく」発疹

診察室《しんさつしつ》に入るときには、発疹《ほっしん》はすでに消えてしまっていて、「さっきまで確かにあったんです！」と、力説するお母さんが、たまにあります。

「消える発疹《ほっしん》」の代表は、「じんましん」です。

じんましん

突然《とつぜん》、蚊《か》に刺《さ》されたような丸い発疹《ほっしん》が出たり、それがつながって地図状になったりして、かゆくなる病気です。

なにせ〝見た目が派手〟なので、お母さんたちはビックリされます。しかし、**ほとんど**

は数時間から、丸1日で治まります。消えてしまったものは、様子を診《み》ていて大丈夫《だいじょうぶ》です。

ただ、2、3日続く場合や、出たり引いたりを数日繰《く》り返《かえ》すものは、一度、診察《しんさつ》を受けたほうがいいでしょう。

また、

① 全身に広がって、かゆくてたまらないとき

② 息苦しい感じがする。腹痛など、皮膚《ひふ》以外にも症状《しょうじょう》があるとき

は、早めに受診《じゅしん》してください（夜間なら救急外来へ）。

気になる原因ですが、風邪《かぜ》などの「ウイルス感染」によって起きることが多いといわれています。のどからウイルスや細菌《さいきん》が侵入《しんにゅう》し、体がびっくりして反応《はんのう》を起こすのです。

次に考えられる原因は、「食べ物」です。今まで食べて大丈夫《だいじょうぶ》だった物でも、そのときの体調や、食べ物の新鮮度《しんせんど》によって左右されます。

その他、薬が原因で出る「じんましん」もあります。

ただし、「原因がわからない」ことも多く、1回きりなら、それほど心配しなくて大丈《だいじょう》夫《ぶ》です。

左右対称（内なる敵）か、非対称（外敵）か

大ざっぱにいうと、左右対称《さゆうたいしょう》の発疹《ほっしん》は「中からの病気」で、非対称《ひたいしょう》の発疹《ほっしん》は「外からの病気」です。

中からの病気の代表は、「ウイルス性発疹症《せいほっしんしょう》」、外からの病気の代表は、「虫刺《むしさ》され」です。

ウイルス性発疹症

ウイルスが、のどから侵入《しんにゅう》すると、体が反応《はんのう》して発疹《ほっしん》が出ることがあります。これがウイルス性発疹症《せいほっしんしょう》です。発疹《ほっしん》の現れ方には特徴《とくちょう》があり、右手にあれば左手にもある、右ひざにあれば左ひざにもあるといったように、「左右対称《さゆうたいしょう》」なのです。不思議とかゆみはなく、あっても弱いものです。

有名なウイルスによるものには、ちゃんとした病名がついています。例えば、突発性発疹《とっぱつせいほっしん》、風疹《ふうしん》、麻疹《ましん》（はしか）、手足口病、リンゴ病、水ぼうそうなどです。ただ、水ぼうそうの初期は発疹《ほっしん》の数が少なく、1つ1つが虫刺《むしさ》されにたいへん似ています。

ウイルスはごまんとありますので、病名がついていないもののほうが多く、それらを引っくるめて「ウイルス性発疹症《せいほっしんしょう》」といいます。

症状《しょうじょう》の軽いものは「皮膚《ひふ》の風邪《かぜ》」ともいわれ、発熱や強いかゆみがなければ特別な治療《ちりょう》

は必要ありません。
睡眠《すいみん》をじゅうぶんとって、おいしい物を食べてください。

「かゆみ」はつらいよ

かゆい発疹《ほっしん》と、かゆくない発疹《ほっしん》に大きく分けると、かゆい代表が「アトピー性《せい》皮膚炎《ひふえん》、湿疹《しっしん》、じんましん、虫刺《むしさ》され」で、かゆくない発疹《ほっしん》が、「ウイルス性《せい》発疹症《ほっしんしょう》」です。とりわけ、アトピー性《せい》皮膚炎《ひふえん》は例外なくかゆみを伴《ともな》います。かゆくないブツブツが出てきたら、それはアトピーの発疹《ほっしん》ではないのです。

「痛いのはガマンできても、かゆいのだけは耐《た》えられない」とよくいわれます。

お母さんが、「かくのはガマンしてね」と言っても、子どもはどうしてもかいてしまうものです。**「かゆいのはガマンしなければならないもの」と思わず、ぜひ相談してみてください。**

もっと知ってほしい「アトピー性皮膚炎」

Q
「アトピー性皮膚炎」の正しい知識を、ぜひ皮膚科の先生からお聞きしたいと思います。

アトピー性皮膚炎《せいひふえん》は、なぜ起きるのでしょう。

「わが子をアトピーから守りたい」「私がしっかりしなきゃ」と孤軍奮闘《こぐんふんとう》している親御《おやご》さんはもちろん、周りの人にもぜひ、アトピー性皮膚炎《せいひふえん》の正しい知識を得てもらいたいと思います。

まず、アトピー性皮膚炎《せいひふえん》の原因からお話ししましょう。原因は、大きく分けると2つあります。

① **体質**……乾燥肌《かんそうはだ》（バリアが弱い）、アレルギーを起こしやすい

② **環境《かんきょう》**……ハウスダスト、花粉、食べ物、汗《あせ》、服・シャンプー・洗剤《せんざい》の刺激《しげき》、細菌《さいきん》・カビ、かく刺激《しげき》など

【バリアとは】

「バリア」とは、皮膚《ひふ》の表面にある皮脂膜《ひしまく》と角質のことです。アトピー性皮膚炎《せいひふえん》の人は、ここに含《ふく》まれている「アブラ」の量が少なく、水分が蒸発して皮膚《ひふ》が乾燥《かんそう》しています。そのため、ホコリ、花粉、菌《きん》などのアレルゲン（アレルギーを起こす物質）が侵入《しんにゅう》しやすくなっているのです。

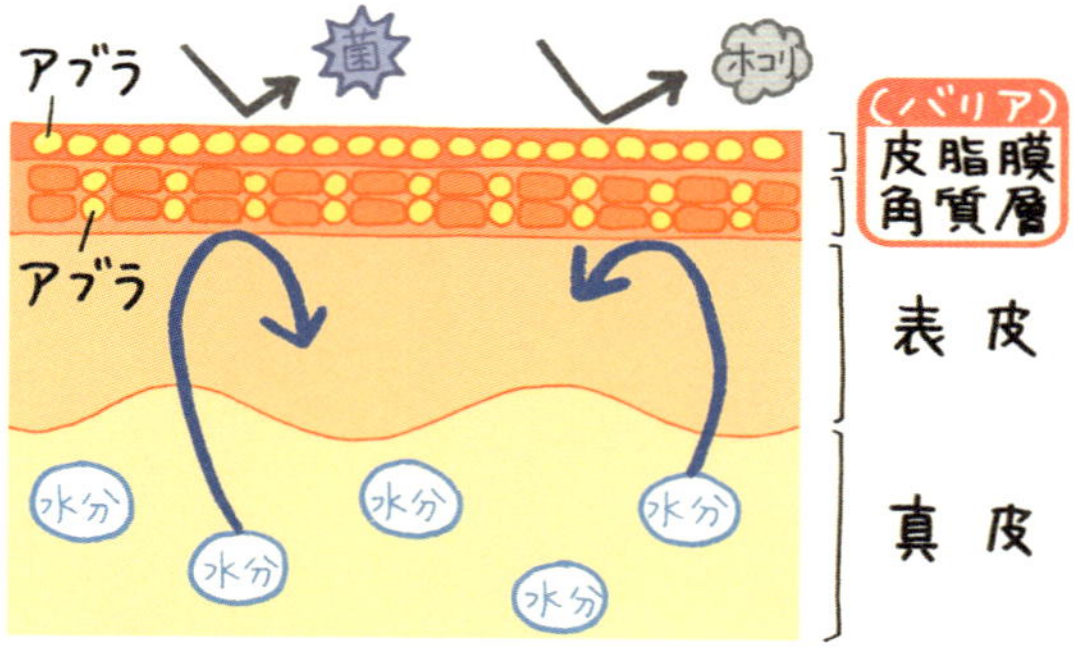

バリア機能が正常な肌には、アレルゲンが侵入しにくい

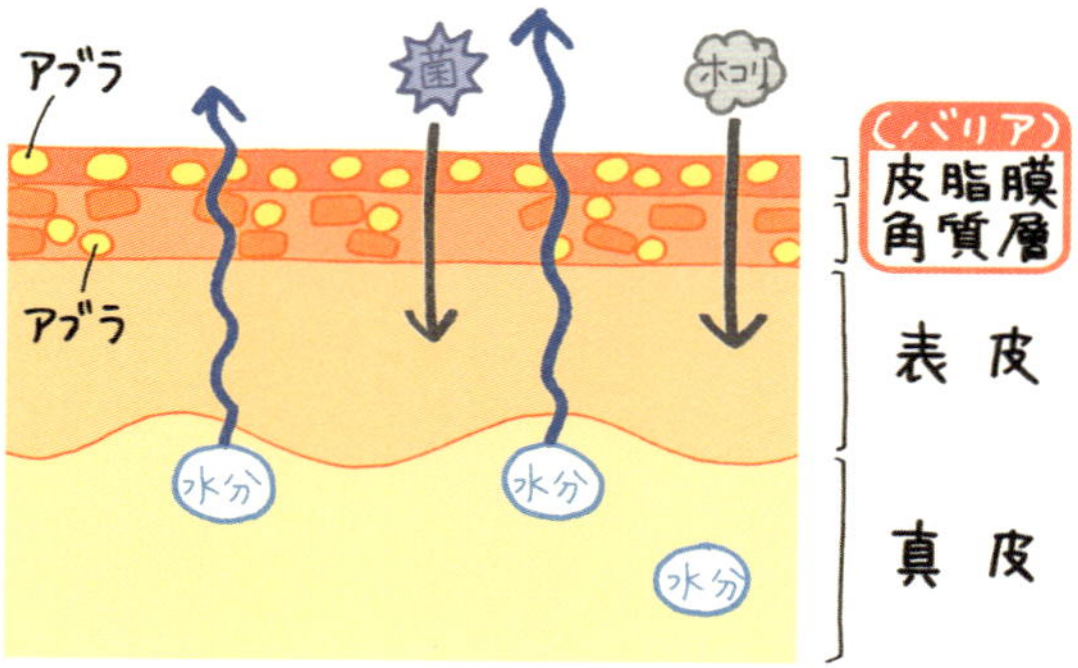

アブラの量が少ないと水分が蒸発し、
アレルゲンが侵入しやすくなる

アトピー性皮膚炎は、不治の病ではありません

「アトピーになったら、一生治らない？」

という不安の声をよく耳にします。

「いつまで、この病気とつきあっていくの？」

「このままずっと、薬《くすり》漬《づ》けの人生なの？」

と、先の見えない不安で、真っ暗になっている方もあります。


小さい子どもを連れての通院はたいへんです。そんな中、お母さんは本当にがんばっておられると思います。**アトピー性皮膚炎《せいひふえん》は、決して親の努力不足でなってしまうのでも、悪くなるのでもありません。また、不治の病でもありません。**

思春期以降は、「皮膚《ひふ》のアブラ」の分泌《ぶんぴつ》が盛んになり、皮膚《ひふ》のバリアが強くなり、皮膚炎《ひふえん》は起こらなくなります。

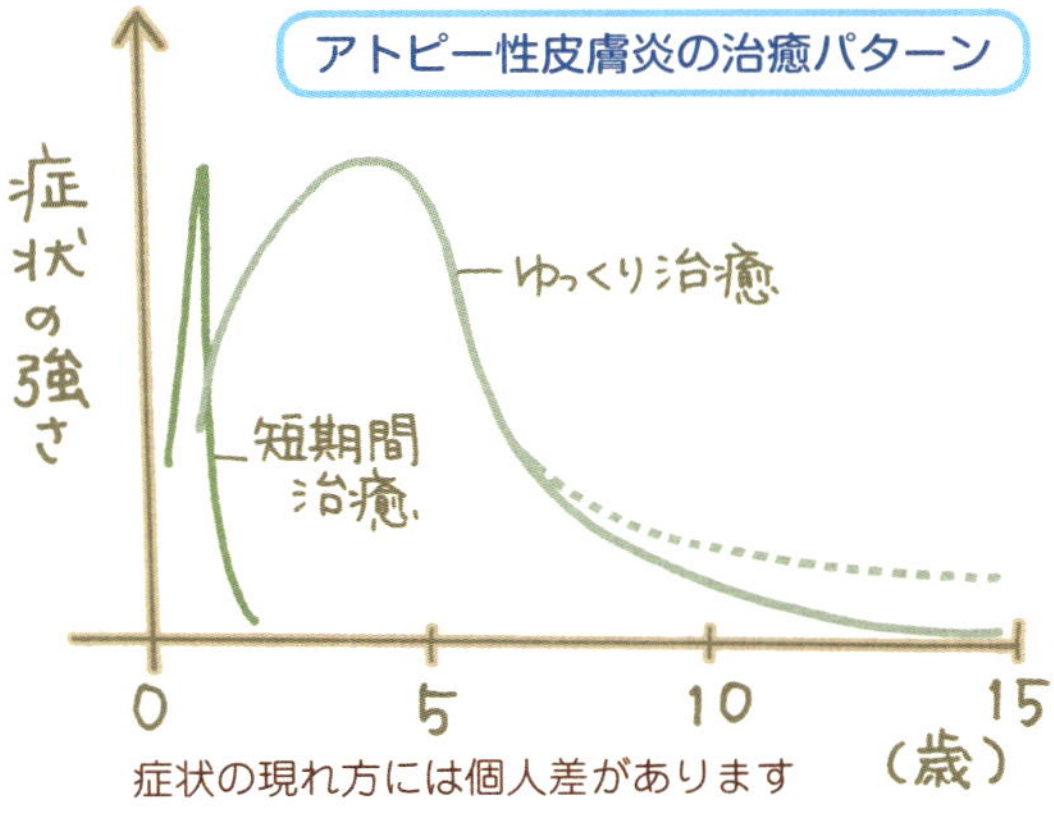

症状の現れ方には個人差があります

幼児期にアトピー性《せい》皮《ひ》膚《ふ》炎《えん》、またはアトピーっぽいといわれた子どもの多くは、思春期までにきれいになっています。

治療のゴール

アトピー性《せい》皮《ひ》膚《ふ》炎《えん》と向き合うとき大切なのが、治《ち》療《りょう》のゴールです。

ゴール1（短期のゴール）
薬などの治《ち》療《りょう》で皮《ひ》膚《ふ》炎《えん》がほとんど治まっている。

ゴール2（長期のゴール）
薬を使わなくても皮《ひ》膚《ふ》炎《えん》が出ない。

適切な治《ち》療《りょう》を行えば、必ず短期のゴールは達成できます。まずは短期のゴールを達成する。それから長期のゴールを目指してじっくりと取り組む。そういう姿勢が大切です。

世間には「これで治りました！」という情報がはんらんし、「アトピービジネス」といわれるものも少なくありません。科学的根拠《かがくてきこんきょ》に乏《とぼ》しいものや、効果に見合わぬ高額なものもあ

短期のゴール
薬は必要だが
皮膚炎はほとんど治まっている
長期のゴール
薬を使わなくても
皮膚炎が出ない

ります。初めから一足飛びを目指すのではなく、信頼《しんらい》できる医師との二人三脚《ににんさんきゃく》で適切なケアをしていくことが、長期ゴールへ続く道なのです。

長期ゴールといっても、一直線にはいかず、山あり谷ありです。薬を塗《ぬ》っても症状《しょうじょう》が悪化して、一時的に薬が強くなっていくことがあります。「言われるとおりがんばっていたのに、悪くなってしまった」と感じることもあるでしょう。これは、炎症《えんしょう》を悪化させるものが身の回りに多いためと、季節によって状態が変化するためです。しかし、根気強くケアを続けているうちに、成長とともにだんだん皮膚炎《ひふえん》が出なくなり、気がつけば通院しなくてもよくなっていた、という人がほとんどです。これが長期ゴールです。

アトピー性皮膚炎《せいひふえん》は、長い目で見ればいつか必ず治る病気です。アトピーのおじいさんやおばあさんは、おそらく見たことがないと思います。**「長期ゴールはいつ？」と不安になってしまいますが、「必ずやってくる長期ゴールまで、いかに快適に過ごすか」と気持ちを切《き》り替《か》えられたら、お母さんも、ずっと肩《かた》の力が抜《ぬ》けるのではないでしょうか。**

今までは
1日でよく
なっていたのに
同じ薬が
効かなくなって
いる!!
ぎゅうっ
言われたとおり
がんばったのに
悪くなった……
私が……
私が治して
やらなくちゃ!!
何かいい
方法は!?
むおーっ
アトピーは
必ず治りますが、
一直線に
よくなっていく
ものではないんです
悪化要因との接触《せっしょく》の
増加や
季節によって状態が
変化することもあります
しかし、長い目で見れば
皮膚《ひふ》のバリアが
だんだん強くなって
長期のゴールに向かって
いきますので、
それまで快適に過ごすことを
考えたほうが、ずっと楽に
つきあっていくことができますよ
あーん
多少の
一進一退には
目をつむるか……

まず、皮膚炎をコントロールする

どんなにひどいアトピー性《せい》皮膚炎《ひふえん》でも、適切な治療《ちりょう》をすれば、皮膚炎《ひふえん》がほとんど治まった状態になります。これを、「短期ゴール（皮膚炎《ひふえん》がコントロールできている）」といいます。

治療《ちりょう》は、次の2本立てでアプローチしていきます。

① すでに起こった皮膚炎《ひふえん》を抑《おさ》える。

② 悪化要因を取り除く。

最初に、「①すでに起こった皮膚炎《ひふえん》を抑《おさ》える」方法をお伝えいたします。

火事を見たら、まず火を消そうとします。大火事を防ぐためには、初期消火が基本です。アトピーも、まずは皮膚炎《ひふえん》を抑《おさ》えなければ、「炎症《えんしょう》が炎症《えんしょう》を呼ぶ」ことになります。皮膚炎《ひふえん》が起きた所には、リンパ球や好酸球《こうさんきゅう》などの「炎症細胞《えんしょうさいぼう》」

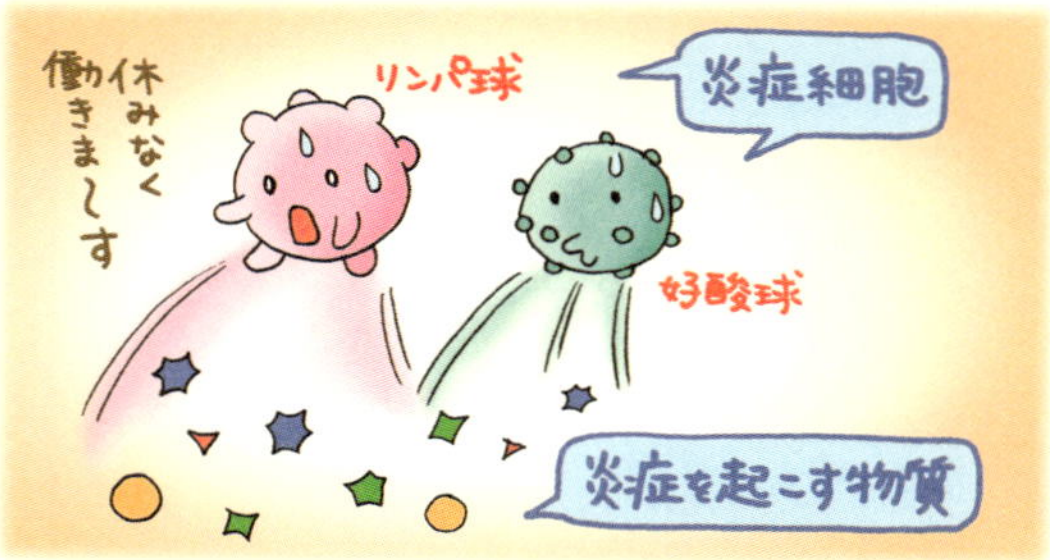

炎症細胞は炎症を起こす物質を出し続けるので、まず炎症細胞を抑えることが優先されます

が現れます。これらが炎症《えんしょう》を起こす物質を出し続けるので、まずは「炎症細胞《えんしょうさいぼう》」を増やさないケアが優先されるのです。

また、**皮膚炎《ひふえん》がひどくなると、「皮膚炎《ひふえん》→かゆい→かく→皮膚炎《ひふえん》の悪化→かゆい→かく」という悪循環《あくじゅんかん》のサイクルがグルグル回りだし、「かゆみがかゆみを呼ぶ」ことにもなります。**

皮膚炎《ひふえん》を抑《おさ》えるための主な治療薬《ちりょうやく》は、塗《ぬ》り薬《ぐすり》（ステロイド外用剤《がいようざい》、タクロリムス軟膏《なんこう》、保湿剤《ほしつざい》）と、飲み薬（抗《こう》ヒスタミン薬《やく》）です。

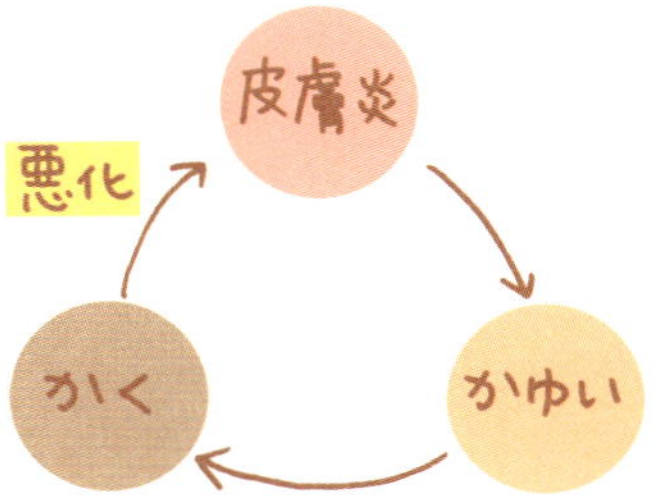

ステロイドは危険な薬？

ステロイド外用剤《がいようざい》は、アトピー性皮膚炎《せいひふえん》の「治療薬《ちりょうやく》の王様」です。

ところが、ステロイド外用剤《がいようざい》を不安視する声もあります。

「一度塗《ぬ》ると、やめられなくなる？」

「薬に頼《たよ》っていると、自然治癒力《しぜんちゆりょく》が妨《さまた》げられるのでは？」

「体内の毒（アレルゲン）を出さないといけないのに、ステロイドで抑《おさ》え込《こ》むのはよくない」

「ステロイドはホルモン剤《ざい》だから、体からホルモンが分泌《ぶんぴつ》されなくなるのでは？」

などです。


よく聞かれる疑問です。世界中の何百というアトピーの研究論文を分析して作られた、日本皮膚《にほんひふ》科学会《かがっかい》のガイドラインがあります。それによると、ランクAとして「有効性と安全性」がうたわれているのは、ステロイド外用剤《がいようざい》とタクロリムス軟膏《なんこう》の2つです。正しく使えば安全な特効薬です。

大切なのは、ステロイド外用剤の塗り方

一口にステロイド外用剤《がいようざい》といっても、強いもの

正しい塗り方　強い薬→弱い薬→保湿剤

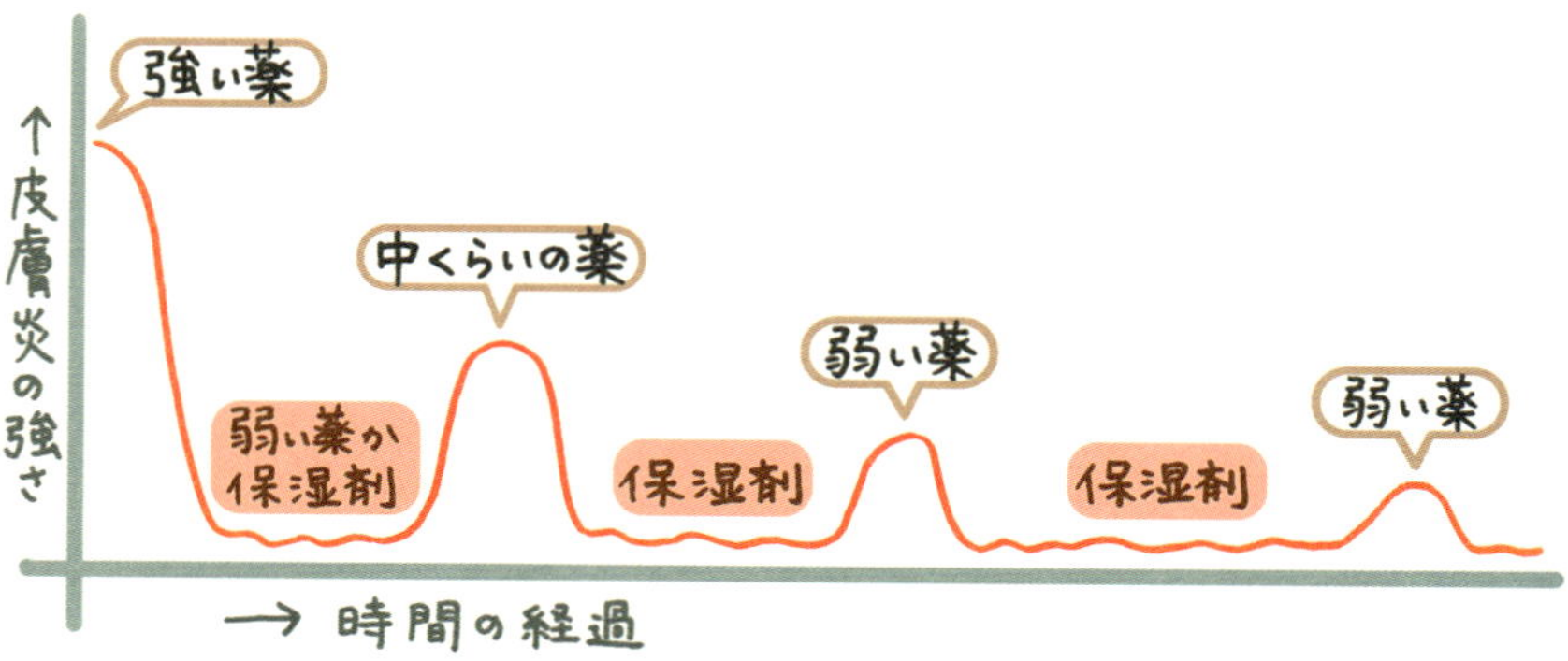

症状が軽い期間が次第に延び、炎症も軽くなっていく

から弱いものまで5段階あります。**塗《ぬ》り方《かた》の基本は、皮《ひ》膚《ふ》炎《えん》がひどいときは、強い薬を塗《ぬ》ってきれいにし、弱い薬でよい状態を維《い》持《じ》します。**少しよくなったところで急に塗《ぬ》るのをやめてしまうと、せっかく治まりつつある炎《えん》症《しょう》が再び勢いを増し、元の木《もく》阿《あ》弥《み》になってしまいます。

薬は強く擦《す》り込《こ》まず、薄《うす》く伸《の》ばすように塗《ぬ》ります。塗《ぬ》ったあと、ティッシュが1枚くっつくぐらい、皮《ひ》膚《ふ》が少しテカる程度が適量です。30分ほどで吸収されて、皮《ひ》膚《ふ》がしっとりしてきます。赤みが取れても、皮《ひ》膚《ふ》をつまんで硬《かた》く感じる所は、やわらかくなるまで（1～2週間）塗《ぬ》るのを続けてください。

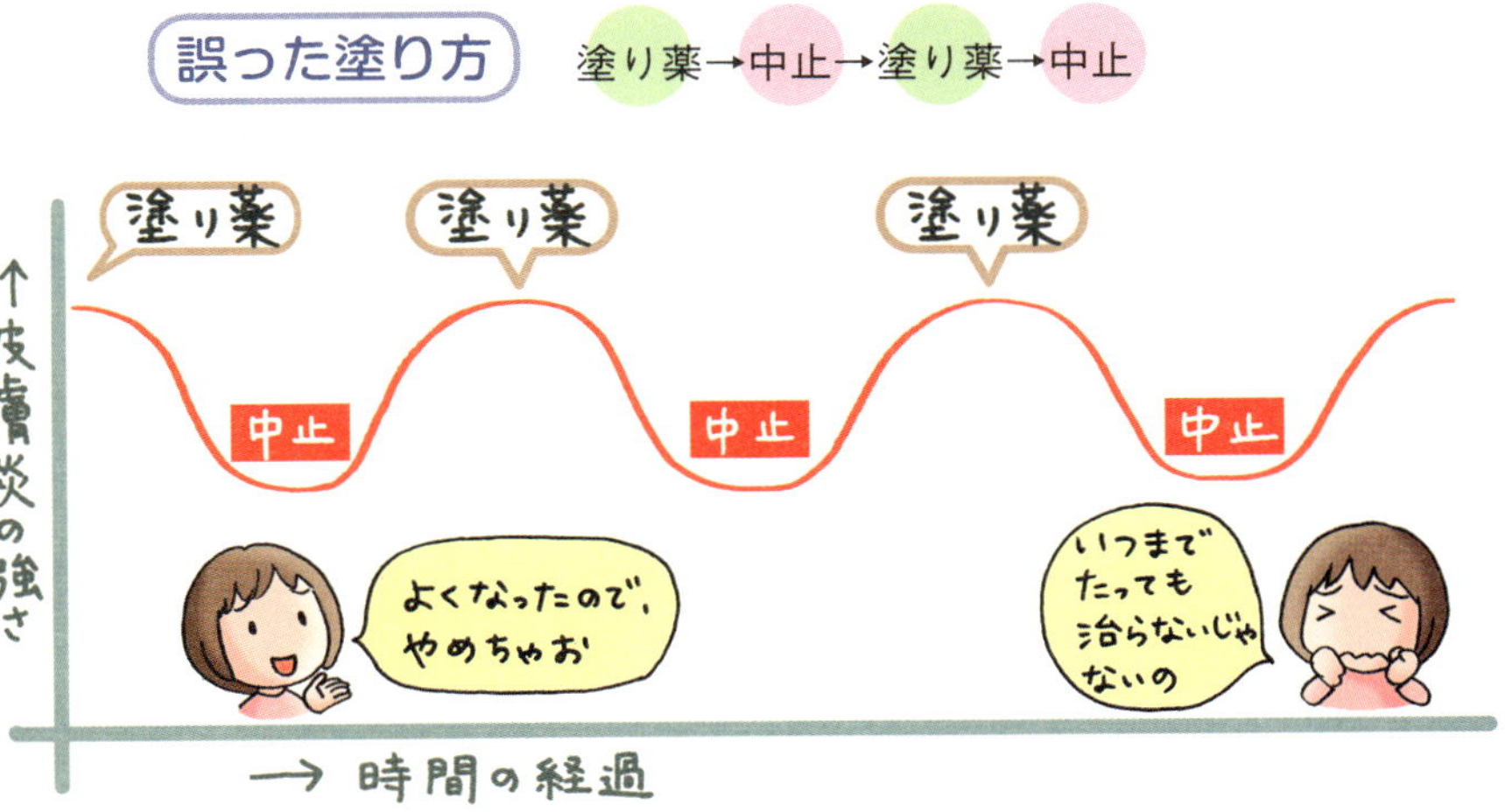

身の回りの環境を「優しく」する

治療《ちりょう》のもう1つの柱が、「②悪化要因を取り除く」です。
まずお肌《はだ》のバリアを保護することが大切であり、保湿剤《ほしつざい》でケアできます。

保湿剤《ほしつざい》には、

- **水分が出ていかないようにする**
- **アレルゲン（アレルギーを起こす物質）が入らないよう保護する**

という働きがあります。

次に、身の回りの環境《かんきょう》で気をつけたいものを、１つ１つ見ていきましょう。

① ハウスダスト

ハウスダストは、ダニの死骸《しがい》などです。ダニは布団、畳《たたみ》・じゅうたんに多く生息しており、フローリングが理想です。ダニは湿気《しっけ》が大好きです。湿度《しつど》が55パーセントで活動を停止し、50パーセントで干か

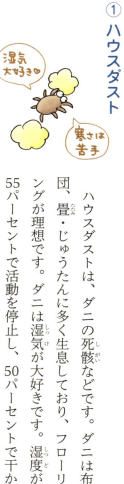

らびて死んでしまいます。夏は換気《かんき》と除湿《じょしつ》に心がけましょう。

② 汗

汗《あせ》は時間がたつと、皮膚《ひふ》を刺激《しげき》するようになります。たくさん汗《あせ》をかいたときは、早めにシャワーなどで流しましょう。

③ 花粉

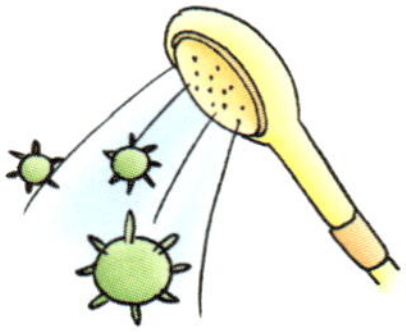

花粉が汗《あせ》ばんだ皮膚《ひふ》に付着し、アレルギーを起こします。2～4月は帰宅後、早めにシャワーで洗い流しましょう。

④細菌・カビ

皮膚《ひふ》の表面に付着した細菌《さいきん》やカビが悪さをします。「細菌《さいきん》やカビなら、消毒したほうがいいのでは？」と思いますが、消毒はかえって皮膚《ひふ》を傷めます。これも、帰宅後のシャワーがいちばんです。

⑤食べ物

肉中心の食事より、野菜・魚中心の和食がお勧《すす》めです。また、砂糖や添加物《てんかぶつ》の多い食品は、病気の自《し》然《ぜん》治《ち》癒《ゆ》を遅《おく》らせます。

乳児のアトピー性皮膚炎《せいひふえん》が、特定の食べ物（卵・牛乳・小麦・大豆など）で悪化することがあります。通常、１歳半くらいで食べても大丈夫《だいじょうぶ》になります。食事制限をするかどうかは、専門の医師とよく相談してください。

⑥服・下着の刺激

ごわごわした下着は皮膚《ひふ》を刺激《しげき》します。綿100パーセントが理想です。

⑦石けん（ボディソープ）

芸能人で、入浴時に石けんを使わないことが話題になりました。乾燥肌《かんそうはだ》のアトピー性皮膚炎《せいひふえん》では一理あります。石けんの使用は2日に1回でじゅうぶんです。頭や足の裏など、汚《よご》れやすいところは、毎日石けんを使ってもいいです。

⑧ かく刺激

かく刺激《しげき》で皮膚炎《ひふえん》が悪化し、さらにかゆくなるという悪循環《あくじゅんかん》を引き起こします。かゆいとかくのは生理現象ですので、「かいたらダメ」と言っても止まりません。「かゆくなったらお薬を塗《ぬ》ろうね」と保《ほ》湿剤《しつざい》を塗《ぬ》ってあげてはいかがでしょうか。保冷剤《ほれいざい》で冷やすという方法もあります。

また、抗《こう》ヒスタミン薬《やく》の飲み薬（ステロイド内服薬ではありません）で、かゆみを止めて悪循環《あくじゅんかん》を断つことができます。

「ローマは一日にして成らず」と言われますが、アトピー治療《ちりょう》も一朝一夕にはいきません。努力していても、症状《しょうじょう》が一進一退を繰《く》り返《かえ》すところに、治療《ちりょう》の苦しさがあります。

しかし、この2本立てのアプローチを着実にしていけば、その種まきは、必ず結果となって現れます。

アトピー性皮膚炎Q＆A

Q 子どものアトピーも、皮膚科でいいの？

A 最近は「アレルギー科」などもあり、どこへ行けばいいのか迷われると思います。**他の科の先生には失礼ですが、アトピー性皮膚炎《せいひふえん》は「皮膚科《ひふか》」と考えております。**もちろん、ぜんそくなどを合併《がっぺい》している場合は、小児科を受診《じゅしん》しなければなりませんが、皮《ひ》膚《ふ》の細かなケアは、子どもでも大人でも皮膚科《ひふか》が専門です。

食物アレルギーによるアトピー性皮膚炎《せいひふえん》は、食物アレルギーを専門としている病院（主に小児科）がよいです。しかし、食べ物を重視するあまり、スキンケアがおろそかになってはよくありません。

アトピー性皮膚炎《せいひふえん》は決して難しい病気ではなく、皮膚科《ひふか》の専門医ならば治療《ちりょう》が可能です。日本に数人しかいない、特殊《とくしゅ》な治療《ちりょう》をしている「名医」でなくてもいいのです。当たり前の治療《ちりょう》を当たり前にすれば、当たり前によくなります。

Q 医師によって診断が違うので、戸惑っています。

A

「ある病院ではアトピーと言われ、別の病院ではアトピーではないと言われました。いったい、どっちなのでしょう？」と聞かれることがあります。

皮膚炎《ひふえん》のひどいときに受診《じゅしん》すると、「アトピー」と言われ、キレイなときに受診《じゅしん》すると、

「アトピーではない」と言われることはあります。

また、アトピー性皮膚炎《せいひふえん》と言うとショックを与《あた》えるから、なるべく「小児湿疹《しょうにしっしん》」とか、「小児乾燥性湿疹《しょうにかんそうせいしっしん》」という言葉を使っている医者もあります。

医者によって、アトピーと言われたり、アトピーでないと言われたりするということは、裏を返せば皮膚炎《ひふえん》は軽いということですので、安心してよいと思います。

Q 「絶対に効く」と薦められた治療法、試してもいい？

A インターネットなどで検索《けんさく》すると、いろいろな治療法《ちりょうほう》が紹介《しょうかい》されています。友達《ともだち》から、「絶対に効く」と薦《すす》められることもあるでしょう。病院で通常行っている治療を「標準治療《ひょうじゅんちりょう》」といい、それ以外のものを「特殊治療《とくしゅちりょう》」といいます。

特殊治療《とくしゅちりょう》は、簡単な紹介《しょうかい》だけでも1冊の本になるほどたくさんあり、日々、新しい治療《ちりょう》が生まれては消えていっています。漢方薬（専門の医師の処方でないもの）、極端《きょくたん》な食事《しょくじ》療法《りょうほう》、サプリメント、水治療《みずちりょう》、温泉療法《りょうほう》、防ダニグッズ、アロマセラピー、エステ、せっけん……。**すべてを否定するわけではありませんが、人によって合う、合わないがあります。**よい治療《ちりょう》は、時間とともに標準治療《ひょうじゅんちりょう》として広く認められるようになります。平成十一年に登場したタクロリムス軟膏《なんこう》は、あっという間に標準治療《ひょうじゅんちりょう》の地位を確立しました。

特殊治療《とくしゅちりょう》の問題点は、治療《ちりょう》で悪化するかもしれないことと、ステロイドなどの標準治療《ひょうじゅんちりょう》を軽視しがちになることの2点です。特殊治療《とくしゅちりょう》はあくまでも補助として併用《へいよう》すべきもので、ステロイドをやめるためのものではないのです。

民間療法《みんかんりょうほう》のアンケートで、①効いた人、②変わらなかった人、③よけいにひどくなった人の割合が、それぞれ1対8対1であったという結果が出ています。**弊害《へいがい》を踏《ふ》まえたうえで、一般的《いっぱんてき》に健康によさそうなものは、やってもよいと私は思いま**

ステロイドなどの標準治療の補助として、考えてください

す。特《とく》殊《しゅ》療《りょう》法《ほう》だけでアトピー性《せい》皮《ひ》膚《ふ》炎《えん》は治りませんが、何としても治したいというお母さんの愛情は、必ず子どもさんの回復につながると思います。

Q 何をやっても治らないのですが。

A 「早く治ってほしい」と、お母さんは毎日心配し、がんばっておられると思います。

ただ、**最初から100点満点を目指すと、かえってつらい思いになってしまいます。100点は難しくても、70点や80点なら努力次第で取れるのではないでしょうか。**

「ステロイドは絶対ダメ」とか、「ステロイドだけ塗《ぬ》っていればいい」と、偏《かたよ》りすぎるのもよくありません。治《ち》療《りょう》の基本を押《お》さえて、自分に合った治《ち》療《りょう》法《ほう》を見つけていきましょう。

繰《く》り返《かえ》しになりますが、生じた皮《ひ》膚《ふ》炎《えん》をステロイド外《がい》用《よう》剤《ざい》などで抑《おさ》え、適切なスキンケアをしながら、悪化要因を回《かい》避《ひ》していくのがスタンダードな治《ち》療《りょう》です。

コラム

「お母さんも、時には息抜きを」

アトピー性皮膚炎《せいひふえん》は、皮膚炎《ひふえん》そのものは、命にかかわるものでも、不治の病でもありません。でも、病名を聞いたときのお母さんのショックは相当大きなものであると感じます。「親御《おやご》さんを苦しめる」という意味では、アトピー性皮膚炎《せいひふえん》は、悩《なや》み多き病気の1つだと考えています。

自分のことなら、少々お肌《はだ》が荒《あ》れても、虫に刺《さ》されても、それぞれの工夫で乗り切っておられると思います。ところが、子どものこととなると、そうはいかないものなんですね。赤ちゃんが蚊《か》に刺《さ》されただけで、「かわいそうに！」と、薬局に走り、塗《ぬ》り薬《ぐすり》や虫よけグッズを買いそろえます。夜中、「ブ～ン」と聞こえようものなら、跳《は》ね起《お》きて、目をランランと光らせます。自分はたくさん蚊《か》に刺《さ》されながら……。

そんなことを思うと、私もどれぐらい親に心配をかけて育ってきたのだろうと、感謝の気持ちでいっぱいになります。

それぐらい親は心配で心配で、毎日、つらい思いでがんばっているのに、周りはそ

んな気持ちも知らず、「こんな肌《はだ》になって、かわいそうに」「そんなにかいて大丈夫《だいじょうぶ》なの？」と、簡単に言ってしまいます。「あなたのやり方がよくないんじゃない？」と、意見を言う人までありますす。お母さんが、「こうなったのは自分のせい、何とかしてやらなければ」と、ますます苦しむ気持ちもよくわかります。

一朝一夕にはいかないからこそ、つらい思いをされるのですし、一足飛びで治る方法があれば、私もぜひ紹介《しょうかい》したいです。しかし、今のところ推奨《すいしょう》できるのは、これまでお話ししてきたような標準《ひょうじゅん》治療《ちりょう》です。治療《ちりょう》していけば、必ず快方に向かっていきますので、それまでどうかあせらずにおつきあいいただきたい、というのが、今わかっていることのすべてなのです。炎症《えんしょう》や、ひどいかゆみは、確かに子どもにはつらいことかもしれません。でも、お母さんが、自分を責めて深刻になってしまうよりは、時には息抜《いきぬ》きをして、少しおおらかに構えているほうが、子どもにとってもいいのではないでしょうか。

「かゆい」と言ったら、お母さんが心配してくれた、優しく薬を塗《ぬ》ってくれた。それが子どもにとって、何よりの心の財産になっているような気がします。

あせもは、出始めが肝心

Q 赤ちゃんのあせもが気になります。おじいちゃんや、おばあちゃんは、「天花粉をつけておけばよい」と言うのですが。

「あせも」は、お風呂《ふろ》に入ったり、汗《あせ》をかいたりしたとき、体や額に1、2ミリのブツブツとなってできます。かゆみは軽く、数時間から数日で消えてしまいます。汗《あせ》がたくさん作られすぎて、皮膚《ひふ》の中の管（汗管《かんかん》）から、汗《あせ》が漏《も》れ出《で》ることによってできます。

あせもの一番の治療《ちりょう》は、涼《すず》しい環境《かんきょう》（クーラーなど）です。涼《すず》しい所にいるだけで、すーっと引いてしまうこともあります。

天花粉《てんかふん》は賛否両論がありますが、皮膚《ひふ》がすべすべになって気持ちいいという人は使ってもよいと思います。

なかなか治らない場合、あせもではなく湿疹《しっしん》かもしれません。シャワーなどで清潔に保ってもよくならないときは、一度、受診《じゅしん》してください。

とびひを広げないコツ

Q 虫刺されをかきつぶしてしまい、うんだと思ったら、別の所にもうつってしまいました。「とびひじゃない?」と言われたのですが、どんな病気ですか?

とびひとは、細菌《さいきん》（ブドウ球菌《きゅうきん》、溶連菌《ようれんきん》）が皮膚《ひふ》で増殖《ぞうしょく》し、ジクジクした感じになる病気です。患部《かんぶ》の汁《しる》がつくと、自分にも他人にも伝染するので、「飛び火」といいます。

とびひの菌《きん》は、鼻の中にすんでいるため、鼻の周囲からできることが多いです。虫刺《むしさ》されや湿疹《しっしん》をかいて、その傷から細菌《さいきん》が入って、とびひになることもあります。

「これはとびひかな?」と思ったら、せっけんの泡《あわ》でよく洗って、汁《しる》がほかの所につかな

いよう、ガーゼなどで覆《おお》います。軽いものは塗《ぬ》り薬《ぐすり》で治りますが、ひどいときは細菌《さいきん》をやっつける抗生物質《こうせいぶっしつ》をのむこともありますので、早めに受診《じゅしん》されたほうがいいでしょう。

保育園や学校によっては、登園・登校が制限されている所もあります。基本的にはジクジクした部分をしっかり覆《おお》っていればうつりませんが、通《かよ》っている施設《しせつ》の規則に従ってください。

プールは他人にうつす危険性があるので控《ひか》えましょう。プールの水には薬が入っているので、傷にもよくありません。家庭でのシャワー浴は積極的に行ってください。細菌《さいきん》をせっけんで洗い流し、清潔にすることが大切です。ただ、タオルは分けて使用したほうがよいでしょう。

清潔にし、患部をしっかり覆う

水いぼ――取るべきか、取らざるべきか

Q 水いぼは、「取ったほうがいい」と言う人と、「取らなくていい」と言う人がいるのですが、どちらが正しいのでしょうか。

水いぼとは、かき傷などの小さな傷から、ポックスウイルスというウイルスが侵入《しんにゅう》し、皮膚《ひふ》に寄生したものです。

1、2ミリ程度（中には5ミリくらいの巨大《きょだい》なものもある）の水膨《みずぶく》れのように見えるできものですが、水がたまっているわけではありません。

かきむしると周囲に感染し、100個くらいにまで増えることがあるので、「百いぼ」

ともいいます。

取るべきか、取らざるべきか。

医者によって「取るべき」と言う人と「取らなくても治る」と言う人がいます。

放置していても何年かすれば治るので、その点は安心されてよいと思いますが、その間、多くの人にうつしてしまうことがあります。また、水いぼが巨大化《きょだいか》すると、治ってもあとが残る場合があります。私は取ったほうがよいと実感しています。

専用のピンセットがあり、つまんで簡単に取ることができます（痛いのがなんともふびんではありますが……）。

皮膚科

冷やして気持ちいい虫刺され

Q うちの子はよく蚊に刺されて、あとが残ってしまいます。かゆみを止める方法があれば教えてください。

蚊《か》は、顔や手足など、服から出ている場所を刺《さ》します。小さい子どもほど、刺《さ》されると大きくはれてしまいます。耳も好きで、刺《さ》されると耳がダンボになります。服から出ていない所を刺《さ》された場合は、ダニの可能性が高いです。「ダニは引《ひ》っ込《こ》み思《じ》案《あん》」であり、おなかなど、服に隠《かく》れた部分を刺《さ》すことが多いのです。

かゆみを止める、最も早い方法は、保冷剤《ほれいざい》などで「冷やす」ことです。市販《しはん》の虫刺《むしさ》されの薬（スプレーや軟膏《なんこう》）にも、スーッとして気持ちいい冷《れい》却《きゃく》効《こう》果《か》をねらったものがあります。

たかが虫刺《むしさ》され、されど虫刺《むしさ》され。かきむしって「とびひ」になることもありますので、ひどい場合は、病院で塗《ぬ》り薬《ぐすり》や、かゆみ止めの飲み薬をもらわれることをお勧《すす》めします。

でも許しまセン!!
殺虫
蚊の気持ちがわかるわ〜
おいしそうなあんよ。

やけどは1秒でも早く冷やす！

Q 子どものやけどは多いと聞きましたが、受診するまでにできる応急手当てはありますか？

やけどは、時間がたつほど皮膚《ひふ》の奥《おく》へと損傷が進みます。ですから、1秒でも早く流水で冷やすことが大切です。「とにかく受診《じゅしん》しなくては！」と、あわててしまいますが、軽いやけどなら痛みが落ち着くまでは流水に当て、それから保冷剤《ほれいざい》で冷やしながら受診《じゅしん》してください（大人の手のひらを超《こ》える大きさのやけどの場合、流水で冷やしすぎると低体温になることがあります。ぬれタオルなどで冷やしながら、すぐに受診《じゅしん》してください）。

水《みず》膨《ぶく》れができることがありますが、できるだけ破れないようにすると、早く治りますよ。

歯科

歯科医
花崎 広子

「歯医者さん」と聞くと、「怖い」「痛い」イメージを持っている方が多いのではないでしょうか。

家でまじめに歯みがきをしているつもりでも、どうしてもできてしまう虫歯。でも、ブラッシングはもちろん、フッ素やキシリトールなどの活用や、歯科での定期健診で、予防することができます。

「歯医者さんは、虫歯になったときだけ通って、歯を削ってもらう所」ではなくなってきているのです。将来の健康な歯を守っていくのが、「歯科の本領」だということを、ぜひ知ってもらいたいと思います。

イヤイヤ期でもできる、虫歯予防

Q　1歳半になり、歯もだいぶ生えてきたのですが、歯みがきは嫌がるし、甘い物もよく食べます。このままでは、虫歯になってしまうのではないかと心配です。

このぐらいの年齢《ねんれい》の子は、歯みがきを嫌《いや》がるもので、お母さん方は毎日たいへんです。虫歯になると、「ちゃんと歯をみがいていなかったから」とか、「甘《あま》い物の食べすぎ」といわれます。でも、がんばっていても、やっぱり虫歯ができてしまうのはなぜでしょう。親御《おやご》さんの中にも、治療《ちりょう》した歯のない方は、ほとんどおられないのではないかと思います。「歯みがきしなさい！」「甘《あま》い物はダメ！」だけでは防げない、正しい虫歯予防のポイントをお話ししましょう。

虫歯も細菌感染の1つです

まず、虫歯はどのようにしてできるのでしょう。

「甘《あま》い物で、歯が溶《と》けるんでしょ？」と思っている人がありますが、砂糖で歯が溶《と》けることはありません。

虫歯は、虫歯菌《むしばきん》（主にミュータンス菌《きん》）の感染によって起こります。感染して歯の表面にすみつくと、虫歯菌《むしばきん》は砂糖をエサにしながら、酸を出します。その酸が影響《えいきょう》し、歯を溶《と》かしてしまうのです。

歯科

こんな細菌《さいきん》は、口の中からいなくなればいいのにと思うのですが、日本人で虫歯菌《むしばきん》を持たない人なんて、まずありません。でも、**虫《むし》歯菌《ばきん》がいても、虫歯にならない人はたくさんあります。その違《ちが》いはどこにあるのでしょう。**

口の中は、細菌のイス取りゲーム

赤ちゃんの口の中には、もともと虫歯菌《むしばきん》は存在しません。だいたい1歳半から2歳半の間に、親の口からうつります。こんなことを聞くと、「口うつしや、チューをしないように」と努力する人もありますが、**親の口の中の細菌《さいきん》は、自然と子どもにうつっていきます。**

そのうつり方は、まるでイス取りゲームのようです。親の口の中には、虫歯菌《むしばきん》のような悪い菌《きん》と、善《よ》い菌《きん》（常在菌《じょうざいきん》）が共存していますが、**子どもの口の中に、先に常在菌《じょうざいきん》がすみつくと、なかなか虫歯菌《むしばきん》は座れません。ところが、だれも座っていない所へ大量の虫歯菌《むしばきん》が行くと、先に居座ってしまいます。**ですから、親の口の中の虫歯菌《むしばきん》をできるだけ減らし

虫歯ができるまで

虫歯菌は砂糖をエサにして歯の表面にすみつき、酸とネバネバ物質を出します

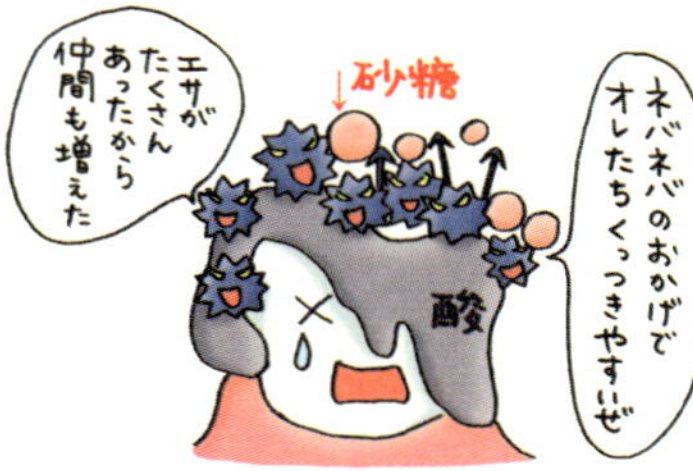

酸によって歯が溶けだし、虫歯になります

ておくことが大切です。

言い聞かせができるようになるまでは、しっかり歯みがきできないことのほうが多いと思います。「その分、自分の歯を丁寧《ていねい》にみがいて、子どもにうつる虫歯菌《むしばきん》を少なくしておこう」と切《き》り替《か》えられたら、少しは気がラクになるかもしれませんね。

生まれたばかりの赤ちゃんの口の中には虫歯菌《むしばきん》は存在しません
お母さんが守ってあげる‼
ピカ
ピカ
ううう
ガマン ガマン
パパの箸《はし》っ
ダメー‼
あーん
どんなにがんばってもいつの間にか感染するものです。
その分、お母さんの虫歯菌《むしばきん》を減らしましょう
お父さんもネ!
ハイ……

ムウ、やりにくいな
赤ちゃんの口の中に、先に常在菌がすみつくと、なかなか虫歯菌は入れません

ガハハハハ
あっちへ行け!
入れてー
大量の虫歯菌が入ると、先に居座ってしまいます

大敵は、砂糖が歯に触れている「時間の長さ」

甘《あま》い物は「ダメ」といっても欲しがるし、親が気をつけていても、周りの人からもらうこともあるので、避《さ》けようがありません。実は甘《あま》い物を食べていても、虫歯になりにくい工夫があるのです。

たとえ虫歯菌《むしばきん》が子どもの口に入っても、歯の表面に定着して活動するためには、砂糖が「大量に・長時間」口の中に存在しなければなりません。

先ほどのイス取りゲームの例えでいうと、一度イスに座っても、そこに大量の砂糖がなければ、虫歯菌《むしばきん》は居座れなくなって、離《はな》れていくのです。

虫歯菌《むしばきん》が喜んで活動を始めるような状態は、ふつうの食事では起こりません。むしろバランスのよい食事は、繊維質《せんいしつ》をよくかむことにつながり、歯を掃除《そうじ》してくれます。

気をつけたいのは、「お菓子《かし》の食べ方」です。

食べ方による酸性度の変化

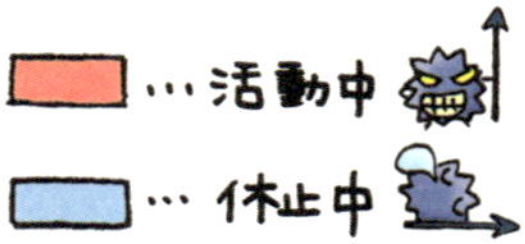

規則正しい食事

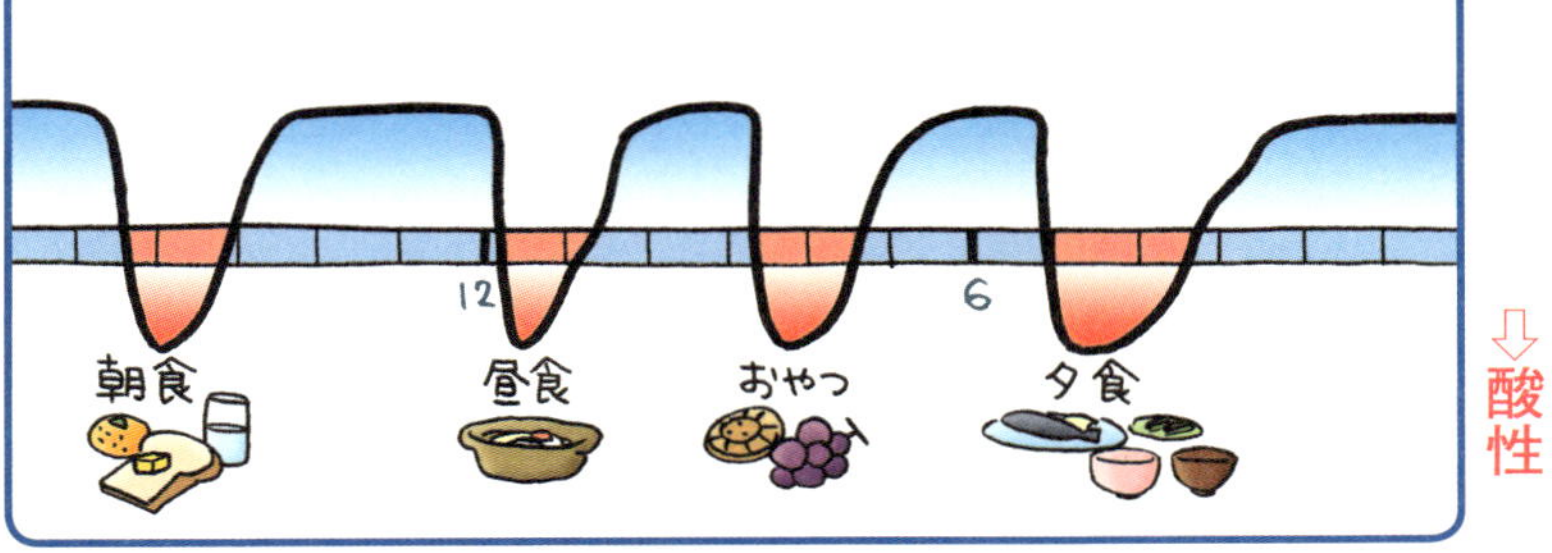

ダラダラとした間食

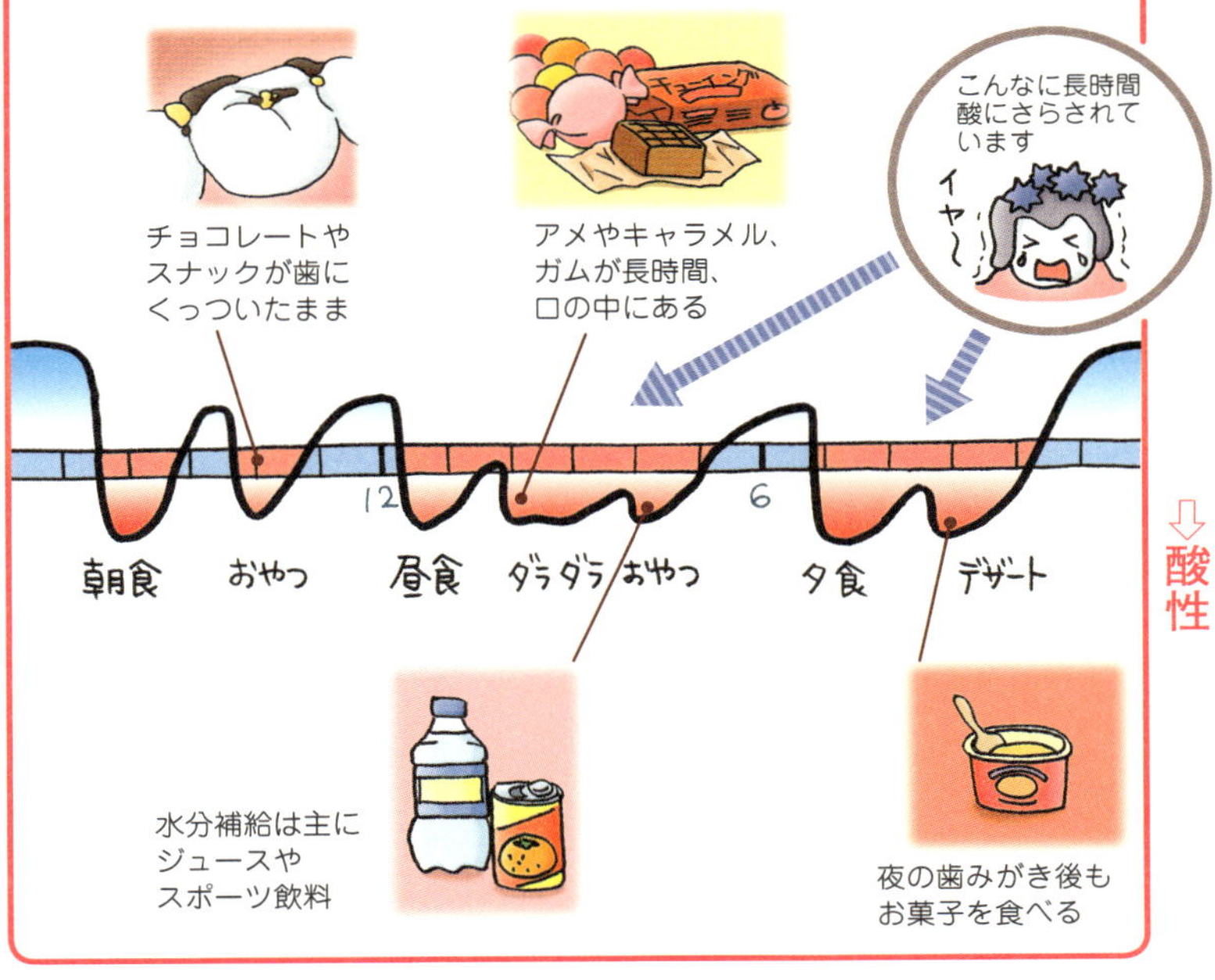

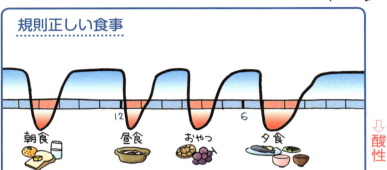

口の中を虫歯菌から守る工夫

食後に、お茶や水で口をゆすぐ

できないときは最後に飲むだけでも!

砂糖を洗い流すだけでなく早く中性に戻ります

甘《あま》い物はダラダラ食べずなるべく一度に取る

一緒に!
食事のデザートに

問題は、量ではなく回数です

キシリトールなど、砂糖を使っていないお菓子《かし》を選ぶ

キシリトール100
キシリトール
グミ
ガム

繊維質《せんいしつ》の多い物は食べるだけで歯みがき効果がある

※果物の糖は「果糖」といって虫歯菌のエサになりにくい

食事と一緒《いっしょ》に食べたお菓子《かし》は、虫歯発生にはあまり関与《かんよ》しませんが、間食で取ると虫歯になりやすいことがわかっています。

昔の人が、歯みがきをしなくても、ほとんど虫歯にならなかったのは、お菓子《かし》やジュースを間食にする、という環境《かんきょう》がなかったからでしょう。

いちばん効果のある、寝る前の歯みがき

よく「食べたらみがく」といわれますが、歯みがきを嫌《いや》がる時期は、たとえ毎食後にみがけなくても、寝《ね》る前にしっかりみがけたらじゅうぶんだと思います。

虫歯が作られるのは、主に寝《ね》ているときだからです。

昼間は唾液《だえき》が常に分泌《ぶんぴつ》されていて、酸を中和し、その影響《えいきょう》を抑《おさ》えています。ところが眠《ねむ》ったとたん、唾液《だえき》の流れはピタッと止まります。すると、口の中は細菌《さいきん》の培養器《ばいようき》のようになり、**砂糖というエサが残っていれば、虫歯菌《むしばきん》の天下が始まります。ですから、「寝《ね》る前の歯みがき」がいちばん大切なのです。**

とはいっても、小さい子は気づかないうちに寝《ね》てしまうことも多く（反対に寝《ね》かしつけるだけでたいへんだったり……）、「歯みがきできないまま、寝《ね》てしまった！」ということは、よくあります。どうしても難しいときは、「1日の生活の中で1回、しっかりみがけたらいいですよ」と伝えています。また、食事のあとは、お茶や水で口をゆすいでおくだけでも、少しは安心できるのではないでしょうか。

プロの口腔内清掃と、驚きのキシリトール

歯科では、歯みがきのサポートとして、「PMTC（Professional Mechanical Tooth Cleaning）」という口腔内清掃《こうくうないせいそう》を行っています。**その名のとおり〝プロの歯みがき〟で、家庭のブラッシングだけでは取り切れない歯垢《しこう》を、専用のやわらかいゴムのついた機械でキレイに落とす方法です。**歯石取りとは違《ちが》い、口内エステのような感覚です。大人はふつう、年に1、2回（1回30分程度）の清掃《せいそう》で、虫歯菌《むしばきん》（歯周病菌《ししゅうびょうきん》も！）をかなり減らすことができます。自分で清掃《せいそう》し切れない歯垢《しこう》を取るためのものですが、子どもに実施《じっし》している所もあります。

また、**キシリトールのガム（キシリトール１００パーセントの物。あるいは厚生労働省許可の物）を食後にかむという方法もあります。３週間連続してかむと、虫歯菌《むしばきん》は相当減るといわれています。**

どちらも、乳幼児期の子を持つ親御《おやご》さんにとっては、それほど神経質にならずに、子どもを虫歯から守る方法ですので、詳《くわ》しいことは、かかりつけの歯科医に尋《たず》ねてみられたらいいと思います。

ちゃんと歯みがきしているつもりなのに、また歯科健診《しかけんしん》で引っかかったわ
おやつのダラダラ食べも気をつけているのに
スパルタ
ハイハイ！みがく前に寝《ね》ちゃダメよ！
一層の歯みがき強化を!!
パン
パン
パン
パン
お母さん、毎日きれいにみがいていても、自分で、歯の汚《よご》れを完全に取り切るのは難しいことなんですよ
クセもあるし、どうしても汚れが残ってしまう溝もあります
歯科で行っている歯みがきでは、いつもの歯みがきでは取り切れない汚《よご》れや、目に見えない細菌《さいきん》まで取れるので、とってもスッキリしますよ！
ぐー
気持ちがよくて寝ちゃう人もいるくらいです
たとえ虫歯を治療《ちりょう》しても虫歯菌《むしばきん》そのものを減らさなければ、また虫歯はできてしまいます
なるほど
どこも歯が痛くないうちに歯医者に行って、シッカリきれいにしてきてくださいね
ハイ！

歯科

「歯みがきできたね！」ママの工夫（体験談）

うちの場合、子どもが好きな歌を、口を開けさせている間に歌うと、子どもは歌を聞きたいので、しばらくはおとなしくしています。

歯みがきの前に「今日は、何の歌にする～？」と言うと、ちょっとは楽しい時間になるかな、と思います。

まほちゃん（2歳）のママ

手鏡を持たせ、「ここにムシバ菌《きん》がついてるよー」と言って、みがくのを見学させると、わりとうまくいくことが多いです。

がくくん（2歳）のママ

毎日、歯みがきで追いかけまわすのに疲《つか》れていましたが、ある日、見かねたパパが、「じゃあ、パパが先！」とうれしそうに走ってきてくれると、競争心からか子どものモードが変わり、ちゃんと歯みがきができました。
しばらくその方法が使えたので、次はムシバキンマン役をやってもらいましたが、それは失敗。でも、パパの協力はありがたいです。

みさおくん（1歳）のママ

言い聞かせができるようになってからは、「歯みがきをしなかったら、虫歯になるよ。虫歯になったら、歯医者さんで削《けず》ることになるから、ママにみがかせてね」と説明しました。
そして、歯を見て、「うわ！　虫ばいきん、いた！　こっちに2匹《ひき》。今やっつけちゃうからねー。あ！　こっちにも。大丈夫《だいじょうぶ》だよ、お母さんに任せてね。ななちゃんの歯から出てってくださーイ!!」と演技しています。
そのときの子どもの顔は、とっても満足そうでした。

ななこちゃん（3歳）のママ

初めての虫歯治療を、予防への大きな一歩に

Q 保育所の歯科健診で、虫歯が見つかりました。歯医者に連れていくのがかわいそうなのですが。

健診《けんしん》で見つかる虫歯は、まだ小さいものがほとんどです。

乳歯の場合、削《けず》らず、進行を遅《おく》らせる薬を塗《ぬ》ることもあり、それも含《ふく》めて早めに歯医者さんと相談することが大切です。**たとえ削《けず》る場合でも、小さい虫歯なら、痛みはほとんどありません。**

子どもと歯科医との出会いは、「初めて虫歯ができたとき」がほとんどです。しかし、「治療《ちりょう》が済んだら終わり。次に来るのは、また虫歯になったとき」ではなく、これを機に「かかりつけ医」を持って、定期健診《ていきけんしん》や歯の清掃《せいそう》など、気軽な歯科通《がよ》いに切《き》り替《か》えてみてはいかがでしょうか。

虫歯は急にできるものではありません。治療後《ちりょうご》3カ月以内に、新しい虫歯ができることは、まずないでしょう。初期虫歯なら、経過によっては削《けず》らず再石灰化することもありますので、**3カ月ごとに健診《けんしん》を受けていれば、虫歯になる確率はかなり減ります。**

「定期健診《ていきけんしん》なんてたいへん」と思われるかもしれませんが、大人になるまでの虫歯の数を確実に抑《おさ》えることができ、その治療費《ちりょうひ》も不要になるので、結果的に経済的負担も少なくなりますよ。

※歯を失った部分のあごの骨に人工の根っこを埋め込み、その上に人工の歯を取りつけること。

再発防止をしなければ最初に歯を削《けず》ったときから、歯が抜《ぬ》けるまでの寿命《じゅみょう》は決まっています
詰め物の隙間から新しい虫歯
でも歯医者で定期的に歯垢《しこう》や歯石をクリーニングし、日ごろから歯をきれいにすることを心がければ
ムムム なかなか侵食できない……
詰め物
ニッ
歯の寿命《じゅみょう》はぐんと延び
たとえ甘《あま》いお菓子《かし》が大好きな方でも、将来20本以上の歯を残すことができるのです!!
くーっ 若いときからやっておれば!
おーっ
何でもおいしい!!
カカカカカ
歯命。
定期的に口の中の掃除《そうじ》に通《かよ》って虫歯予防をした人と、虫歯になったときしか歯医者に行かなかった人とでは、虫歯の増え方も、将来の歯の残存数もまったく違《ちが》います
今日もピカピカにしてもらお!
ウキウキ♡
また虫歯になっちゃった 歯医者ってキライ
定期健診《ていきけんしん》のこと、皆《みな》さんも大切に考えてくださいね

これならできそう「正しい歯みがき法」

Q 正しい歯みがきのしかたを教えてください。

いろいろな「みがき方」が紹介《しょうかい》されていますが、**基本的には、歯の表面をもれなくブラッシングできればいいと思います。**

ただ、食べカスさえ取れたらいいのではありません。歯の表面には、「バイオフィルム」という頑固《がんこ》な細菌《さいきん》の膜《まく》ができています。目に見えないネバネバの膜《まく》で、プラーク（歯垢《しこう》）ともいわれます。**この「バイオフィルム」が取れなければ、虫歯は予防できません。**

落とすには、ブラシの毛先を歯に垂直に当て、小刻《こきざ》みに動かすのがコツです。思わず力が入ってしまいますが、手の甲《こう》をこすってみて、痛くない強さが適当です。

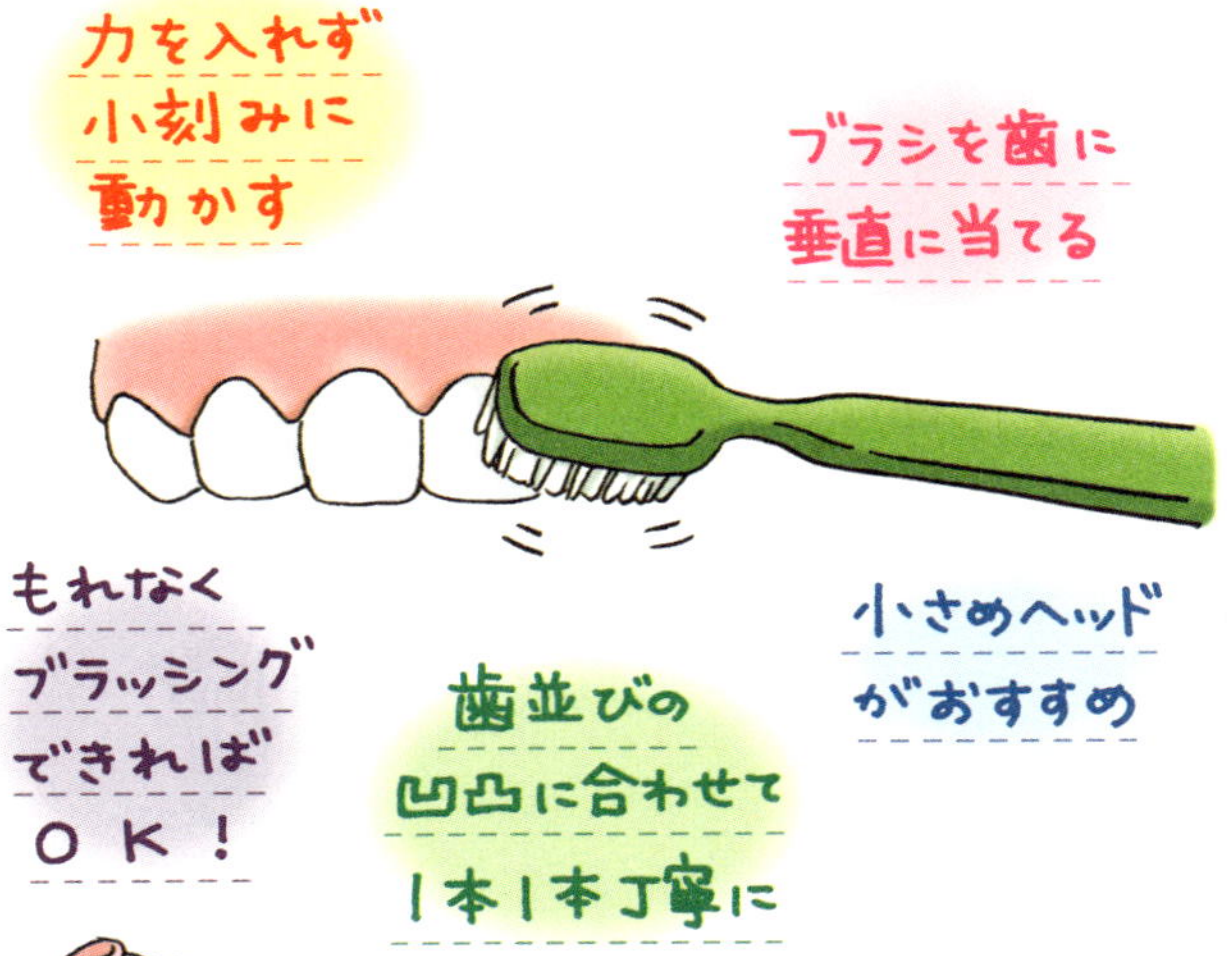
力を入れず小刻みに動かす
ブラシを歯に垂直に当てる
もれなくブラッシングできればOK！
小さめヘッドがおすすめ
歯並びの凹凸に合わせて1本1本丁寧に

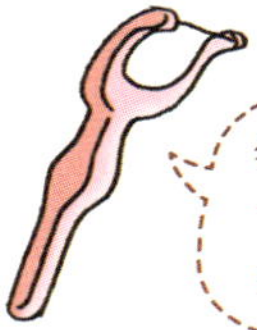

毎日は難しくても、フロスなどで歯と歯の間も掃除してください。歯間から虫歯ができることも多いのです。
※ 正しい使い方の指導を受けて使いましょう。

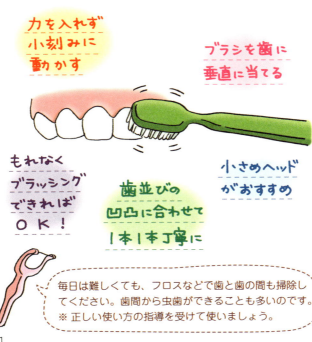

歯ブラシの毛先が広がってしまったものは、あまり効果がありません。新しいブラシなら1分で落ちる汚《よご》れが、広がったものでは10分かかっても落ちないのです。

毛先の広がった歯ブラシは汚れも落ちず、歯ぐきを傷つけることになります。歯ブラシはこまめに取り替えましょう

歯みがき粉の効果はいかに？

「歯みがき粉は、しっかりつけてみがかないといけない？」とよく聞かれます。

歯みがき粉をつけるかどうかは、その子がつけたがるかどうかで決めていいと思います。というのは、**ブラッシングの効果を「9」とすると、歯みがき粉は「1」程度しかないからです。**

歯みがき粉は、どれだけつけても、バイオフイルムの中に潜《ひそ》んでいる虫歯菌《むしばきん》までは届きません。ちょうど台所の排水口《はいすいこう》のようなものです。こびりついたドロドロは、洗剤《せんざい》やクレンザーをかけただけでは、びくともしません。つけておくだけで落ちる強力な薬剤《やくざい》もあり

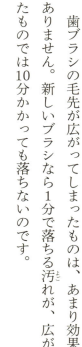

ますが、口の中には使えません。ドロドロを取る唯一《ゆいいつ》の方法は、タワシなどで「こする」ことです。**バイオフィルムも、ブラッシングすることによってのみ、はがすことができるのです。**

バイオフィルムが歯のどこに貼《は》りついているかは、カラーテスターで染め出すことができます。市販《しはん》もされていますが、歯科医院で指導してもらうほうが、みがきグセがよくわかりますよ。

世界で虫歯が減っている!? フッ素利用NOW

Q 虫歯予防にフッ素が効くって、本当ですか？

フッ素の虫歯予防効果は、近年、研究データが報告され、注目を集めています。「子どもの歯にフッ素を塗《ぬ》って大丈夫《だいじょうぶ》なの？」と心配する方もありますが、フッ素は特別な薬品ではありません。もともと自然界に広く存在していて、魚や海草、根菜、お茶などの食品にもわずかに含《ふく》まれているものです。一度にフッ素溶液《ようえき》を大量に飲んだりしないかぎり、心配するようなことはありません。虫歯予防としては、日本ではフッ素を歯に直接作用させる方法が実施《じっし》されています。

フッ素と唾液は歯の再石灰化を促進する

虫歯の始まりは、歯の表面が部分的に白くなることでわかります。これを「脱灰《だっかい》」といいます。虫歯菌《むしばきん》の出した酸により、表層のエナメル質が壊《こわ》れ始《はじ》めているのです。

こんなときは、フッ素入り歯みがき粉をつけてブラッシングすれば、歯の成分が戻《もど》ってきて（再石灰化《さいせっかいか》）、虫歯になるのを防ぐことができます。歯みがき粉は、歯科医院や、薬剤《やくざい》

フッ素は再石灰化を促進し、強い歯を作ります

師《し》常駐《じょうちゅう》の薬局で取《と》り扱《あつか》っている専用の物（大人はフッ素濃《のう》度《ど》1450PPM以上）を、説明を受けてから使う必要があります。歯みがき粉のほか、歯みがきジェルや洗口剤《せんこうざい》、フォーム（泡《あわ》）タイプなどがあり、子どもの年齢《ねんれい》や、好みに応じて選ぶことができます。

フッ素は、再石灰化《さいせっかいか》を促進《そくしん》し、歯の表面を強くする働きがありますので、やわらかくて虫歯になりやすい「生えたばかりの歯」ほど効果が高く、予防のためのフッ素塗布《とふ》を積極的に行っている市区町村もあります。**ただ、一度塗《ぬ》ればいいものではなく、少しずつ続けていって、ようやく効果が表れるのです。**

せっかくのフッ素も、ブラッシングで歯の汚《よご》れをよく落としてからでないと、歯に働きかけることはできません。「プラーク＆シュガー（歯垢《しこう》と砂糖）コントロール」を基本として、フッ素を上手に利用することが大切なのですね。

※ 使用後30分は飲食を控えてください

年齢に応じて選べます

「虫歯のない大人」も夢ではありません

Q 永久歯を、虫歯にしない方法はあるのでしょうか。

難しそうですが、決して無理なことではありません。

私の子どもも、虫歯はありませんでしたし、同じ病院の歯科衛生士の子どもにも、虫歯のない子はたくさんいますよ。

見落としやすいのは、10歳までの仕上げみがき

いちばん、虫歯になりやすい歯は、「生え始めた歯」です。生え始めの1、2年は、まだ

表面がやわらかく、やがて強い歯に成熟していきます。ですから、**永久歯で気をつけなければならない時期は、乳歯がすべて抜《ぬ》け、永久歯が生えそろう「交換期《こうかんき》」で、だいたい5歳から小学校卒業のころまでです。**

永久歯の生え始めは、下の奥歯《おくば》（第一大臼歯《だいいちだいきゅうし》）の先が、ちょこっと見えてくることが多いのですが、これが最も虫歯になりやすく、親御《おやご》さんはたいへんですが、仕上げみがきは必要です。「小学生になったら、子どもに任せる」と思ってしまう人が多いのですが、子どもだけでは、ほとんどみがけていないと思ったほうがよいでしょう。**特に第一大臼歯《だいいちだいきゅうし》をしっかりみがくのは難しく、4、5年生ごろまでは、仕上げみがきが大切です。**

「シーラント」
虫歯になりやすい奥歯の溝を埋めておく方法

「シーラント」という、予防法もあります。初期虫歯になりやすい奥歯《おくば》の溝《みぞ》を埋《う》めておく方法です。乳歯の時期にすでに虫歯があって心配な子どもは、歯科医師と相談しながら、予防に取り組まれるのがよいと思います。

永久歯で最も虫歯になりやすい歯

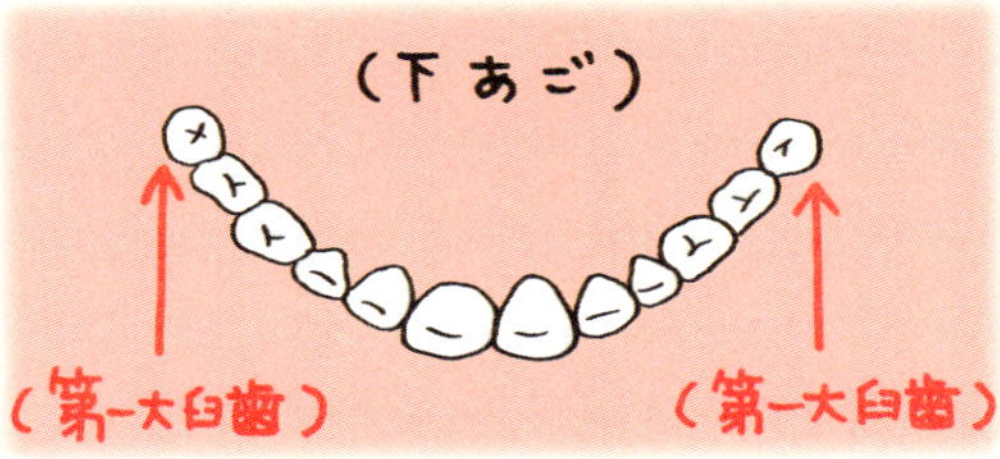

6歳を過ぎると、第一大臼歯が生え始めます。
これが最も虫歯になりやすく、注意が必要です

歯並びが気になっています

Q 子どもの歯並びが悪くて心配しています。矯正はいつごろから考えたほうがいいのでしょうか。

子どもの歯並びで心配なことがあれば、小学校入学ごろに、一度、「歯列《しれつ》矯正《きょうせい》専門医《せんもんい》」に相談されると、将来の見通しがつくと思います。
乳歯の時期にできることは限られているので、**実際に矯正《きょうせい》するのは、だいたい永久歯に**

生《は》え替《か》わった小学生から、骨格の成長がほぼ終わる中高生ごろです。ただ、成長期に長く矯正器具《きょうせいきぐ》をつけなければなりませんし、基本的に健康保険は適用外ですので、まずは本人の気持ちをよく聞くことが大切です。

たとえ途中《とちゅう》で続けられなくなっても、あきらめる必要はありません。歯周組織が健康なら、大人になってからでもじゅうぶん矯正治療《きょうせいちりょう》は受けられます。

眼科

眼科医
植田 芳樹
橋本 義弘
舘 奈保子

情報の８割は、目から入るといわれます。
そんな大切な目ですが、中の仕組みはわかりにくいためか、間違った常識が広まりやすいのも事実です。
特に子どもの目で心配なのは、「視力」ではないでしょうか。自分が子どものころ、視力が落ちていくのに悩んだ経験から、「うちの子には、こんな思いをさせたくない」と考える方も多いようです。眼科医からの正しい知識を伝え、少しなりとも安心を届けられたらうれしいと思います。

「近視」＝「目が悪くなった」という考えは、間違いです

Q　1・0以上あった視力が、学校の検査で0・6に下がってしまいました。やはり子どもの生活態度に問題があるのでしょうか。

眼科

近視でも、近くは1・0以上見えています

学校の視力検査の時期が終わると、再検査が必要と言われた子どもたちが、次々と眼科を受診《じゅしん》に来ます。

「最近どんどん目が悪くなっていく」と心配し、真剣《しんけん》に相談をしてこられる親御《おやご》さんもあります。

しかし、**ここでいわれる「目が悪くなっていく」「学校健診《がっこうけんしん》で視力が下がった」という人のほとんどは、「近視」のことです。**

もちろん、近視以外の病気の場合もありますので、眼科での精密検査は必要ですし、それを見つけるための学校検査も大切です。

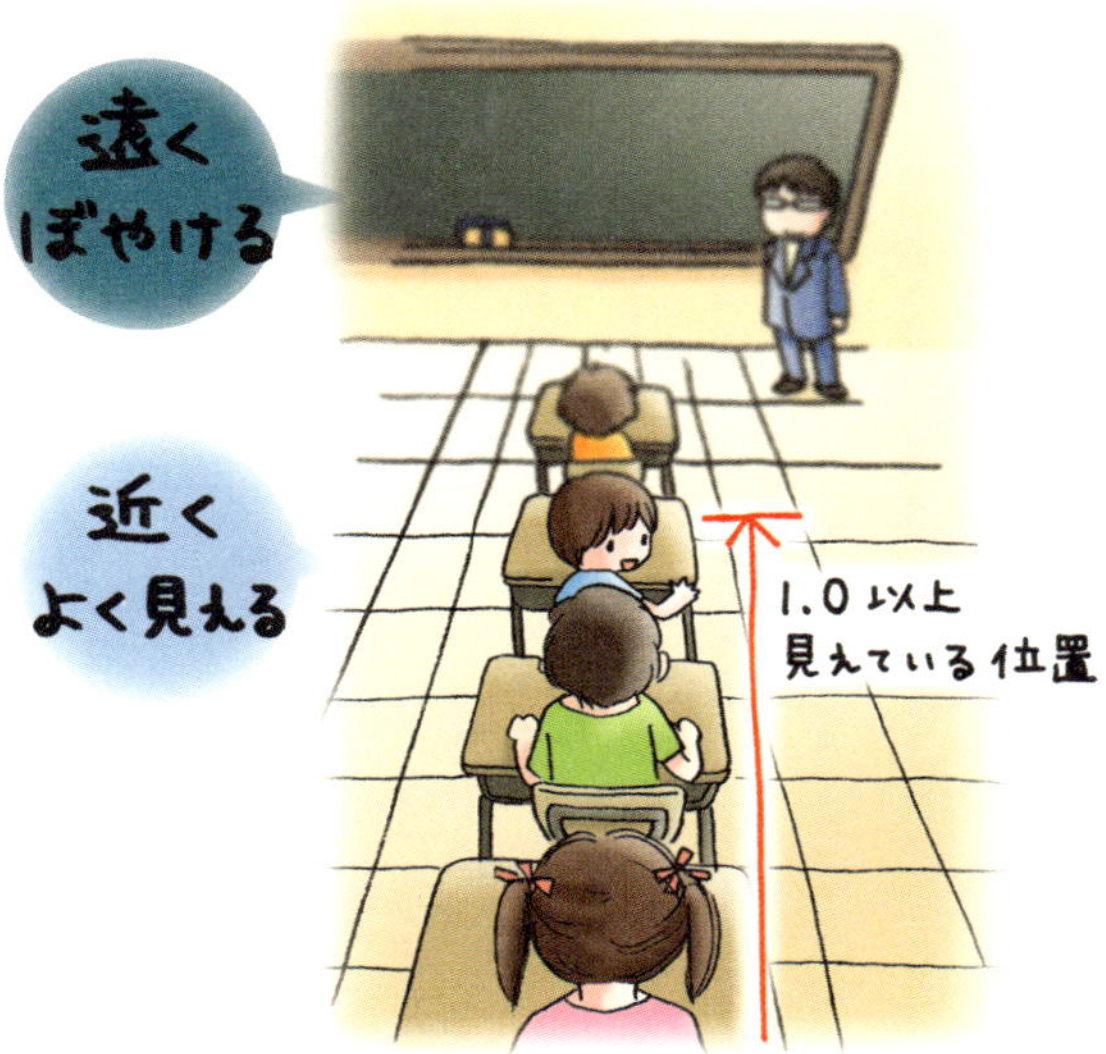

近視とは、ピントの合う距離が
近くなったことをいいます

近視とは、目のピントの合う距離《きょり》が近いことをいいます。「近くは見えて、遠くはぼやける」という状態です。

近視が進めば、視力検査表（通常5メートル離《はな》れた場所に貼《は》ります）の指標は当然見えにくくなり、学校《がっこう》健診《けんしん》の結果では「視力が下がった」となります。

しかし、**ピントの合う距離《きょり》が近くに移っただけなので、「近くは見えている」のです。**もっといえば、ピントの合う場所は１・０以上見えていますし、メガネでピントの合う位置を変えれば、遠くでも１・０以上見えます。また、近視でない人よりも、近くは楽に見えるといえます。

近視が進む、最大の原因は？

難しい話はさておき、**「ピントの合う距離《きょり》が近くなる」のに最も影響《えいきょう》するものは、「目の長さ」です。**黒目（角膜《かくまく》）の頂点から、目の奥《おく》（網膜《もうまく》）までの奥行《おくゆ》きの長さなのです。この距離《きょり》が長い人ほど近視となり、逆に短い人は遠視となります。

生まれたときは、まだ目が小さい（「目の長さ」が短い）ため、みんな遠視の状態です。

そこからだんだんと目が大きくなり、正視に近づきます。その後、目がさらに大きくなる人が近視となっていくわけです。

大きくなるといっても、極端《きょくたん》に表現すると、ラグビーボールのような奥行《おくゆ》きの長い眼球になっていくのです。身長と同様、伸《の》びるのを止めることができない代わりに、どこまでも伸《の》び続《つづ》けることもありません。

体がぐんぐん大きくなる成長期に、近視も進む傾向《けいこう》にあるのは、こういったことからです。

「大人になっても近視が進んだ」と思う人がありますが、実際に測ってみると、そんなに変わっていないものです。成長の大きい小中学生ぐらいがいちばん進み、20歳ごろまでに止まる人がほとんどです。

時々、片目だけ近視の進むことがあります。「両目の大きさは変わらないのに、どうして?」と思うかもしれませんが、これも目の形（奥行《おくゆ》き）の成長の違《ちが》いによるものです。

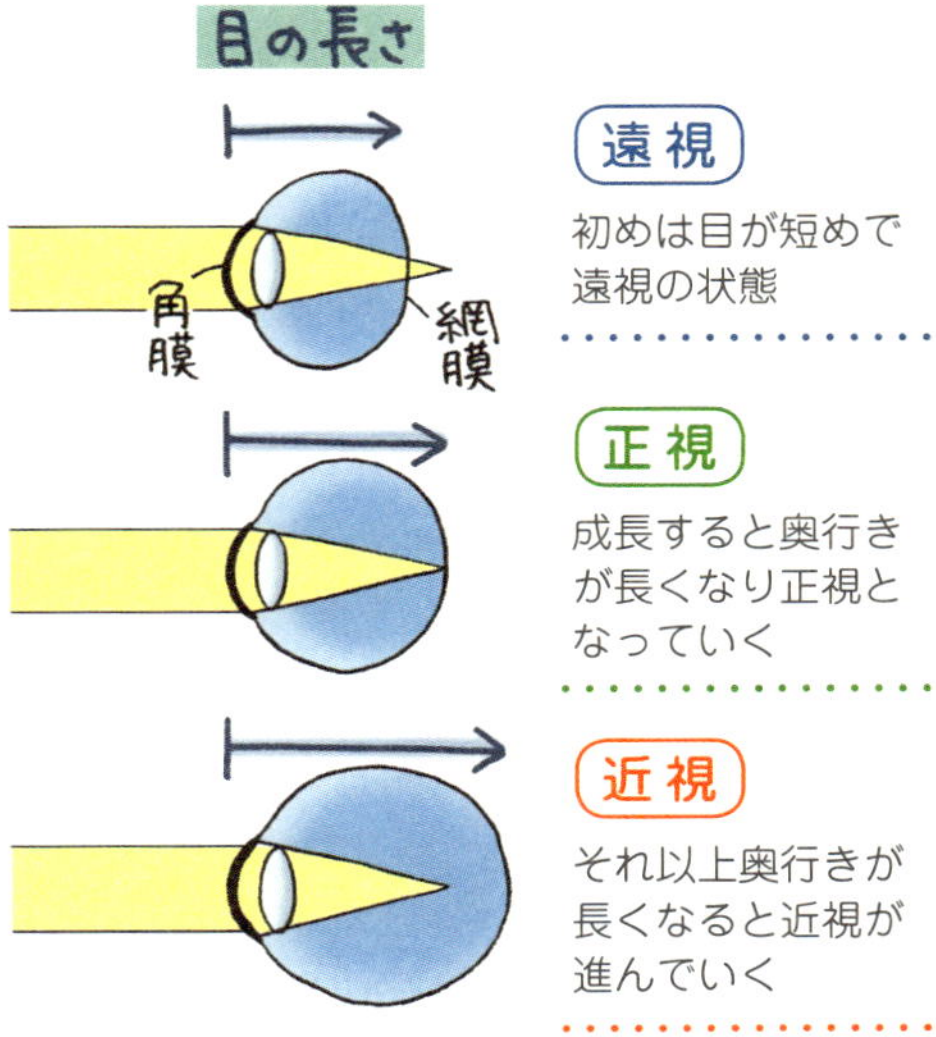
目の長さ
角膜
網膜
遠視
初めは目が短めで遠視の状態
正視
成長すると奥行きが長くなり正視となっていく
近視
それ以上奥行きが長くなると近視が進んでいく

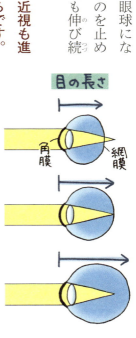

見た目は同じでも、右目と左目でかなり差が出る場合があります。決して「寝転《ねころ》んで本を読んでいたから」などというわけではないのです。

目の「長い人」「短い人」

眼科医は近視を「目が悪くなった」とは考えません。「目の病気」でもありません。目の力としては、どこかの距離《きょり》では、1・0が見えるのですから。

医者が「目が悪くなった」と言うのは、何らかの病気やケガなどにより、「どの距離《きょり》でも、どんなメガネをかけても、1・0の視力が出ない」ことを指しています。

確かに、メガネやコンタクトレンズを使うようになるのは、面倒《めんどう》ですし、たいへんと思うでしょう。しかし、それらを使えば遠くもよく見えますし、最近は使いやすいコンタクトレンズや、おしゃれなメガネも出ています。

時々、「メガネをかけると近視が進む」と思っている人がありますが、かけ始めの数年が、いちばん、買《か》い替《か》えの多い時期なので、ついそう感じてしまうのでしょう。度が強くなっていくのも、目の長さの成長によるものなのです。

人それぞれ、身長には違《ちが》いがあります。これは「高い人がよい」「低い人がよい」というものではなく、個人差、個性といえます。

同様に、**目にも「長い人」もいれば、「短い人」もいます。身長と同じく、個人差、個**

性といえるでしょう。近視には、将来、老眼による不便が起こりにくいなどのメリットもあるのです。

テレビやゲームは、どれくらい影響するの？

近視の主な原因は「目の長さ」である、とお話ししました。

しかし、「テレビを見る時間が長いと近視が進む」というのは、世間でよくいわれていることです。このような「生活習慣」も、近視に影響《えいきょう》を及《およ》ぼすのでしょうか。

結論からいうと、現代の医学では、テレビやゲームなどの影響《えいきょう》で、近視が進むとも進まないとも証明されていません。ただ、何かしらの生活習慣で、目の長さが伸《の》びやすくなることは間違《まちが》いないようです。わかってきているのは、「近くのものを長時間見ていると、少し近視が進む」こと、「外遊びの時間（日光にあたる時間）が長い人は近視が進みにくい」ことです。

現代は、家の中、学校や塾《じゅく》で過ごすことが多く、外遊びの時間が減っています。部屋《へや》でゲームやスマホなどに費やす時間が増えており、近視の増加に影響《えいきょう》しているようだと言われています。ただ、**少なくともみんなが心配しているほどの影響《えいきょう》はないと思います。**

また最近増えているのが、携帯型《けいたいがた》ゲーム機、タブレット

親御さんが心配しているほど、テレビやゲームで近視が進むことはなさそうです

です。目からわずか20センチほどの距離《きょり》で見ている子どもの姿をよく見かけますが、その影響《えいきょう》はまだわかっていません。これほどの超近見作業《ちょうきんけんさぎょう》の増加は人類史上初めてのことであり、その影響《えいきょう》は今の子どもが大きくなった時に初めて明らかになるのかもしれません。ただ、斜視《しゃし》（片方の目が横や上下を向いていること）には悪い影響《えいきょう》がありそうで、少なくとも、よい影響《えいきょう》はないのは間違《まちが》いないようです。

ゲームといえば、「目がよくなるゲーム」なども話題になっています。視力アップを強調するものはたくさんありますが、どれも急速に目の長さを変えるような効果はありません。何事も「ほどほどに」がいちばんだと思います。

視力低下は、育て方のせいではありません

今の小中学生は、テレビやマンガ、ゲーム、パソコン、勉強、塾通《じゅくがよ》い……と、近くを見ることの多い生活習慣が、1日の大半を占《し》めています。日本の一種の文化ともいえるでしょう。それらをまったくせずに、「遠くだけを見て過ごそう」と思っても、無理な話です。

そして、子どもの視力が問題になってくると、「ゲームが悪い」「マンガがよくない」

「テレビの見すぎ」と、語られ始めます。親は、子どもがちょっとでもテレビを見ていると、目が悪くなるような不安にかられ、ついその生活態度にイライラしてしまいます。「何とか視力を回復させたい」と、さまざまな情報に振《ふ》り回《まわ》されてしまう気持ちもよくわかります。

しかし、**近視が進んだのは、子どもが悪いからでも、育て方のせいでもありません。身長のような「個性」ですし、近くを見ることの多い生活習慣が、多少影響《えいきょう》するとしても、みんなが思っているほどではないのです。**

子どもや自分を責めず、近視を悪いものだと思《おも》い込《こ》まず、メガネやコンタクトレンズなどと上手につきあっていきたいものです。

だからといって、「テレビやゲームは、いくらやってもいいんだ！」ということには、もちろんなりません。先ほどお話ししたとおり、外遊びの時間が長いと近視が進行しにくいこと、携帯型《けいたいがた》ゲーム機や、スマホ、タブレットなどの影響《えいきょう》が不明なことからも、やはり目の疲《つか》れない程度に時間を決め、明るい所で、距離《きょり》をとって、適切な外遊びの時間も入れて、というのがよいようです。

こんな暗い部屋《へや》で本を読んでいたら
TOP
目が悪くなるでしょー!!
バックオーライ
STOP
バックオーライ
ハイハイテレビは3メートル以上離《はな》れてね!!
ゲームなんてしたらいっぺんに目が悪くなるわよっ!!
あー
バッ
没収《ぼっしゅう》
STO
これだけしたんだから次の視力検査ではきっと……
ピリピリ
ピリ
STOP
ピリ〜ピリ
がーん
ぷるぷる
視力検査結果
右 1.0
左 0.6
精密検査を受けてください
○月○日
○○小学校
また低下してる……

「ダメ親」「だらしない子ども」だと言われたような敗北感……
な、なぜ……
うきゃあぁー
手《て》遅《おく》れになる前に何とかしなきゃー!!
ブルーベリー
視力矯正トレーニング
14日間!
力回復プログラム
驚異の視力アップ
毎日5分
遊びながら視力回復!?
もしもし
子どもの視力が低下するのは
お母さんのせいでも、子どもが悪いからでもないですよ
むうっ
主に目の長さによるもので、身長と同じように個性と考えていいと思います
そんなにがんばらなくていいんですよ
「ダメ親」でも「だらしない子ども」でもありません!
あ、ありがとうございます

「レーシック」について聞かせて

Q メガネなしでハッキリ見えるようになるといわれる、「レーシック」とは、どんな手術ですか？

メガネを手離せる日は近い？

近視の矯正《きょうせい》には、メガネとコンタクトレンズが基本ですが、最近は「レーシック」という手術が出現し、広く行われています。

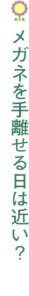

先ほど、近視は「目の長さ（眼軸長《がんじくちょう》）」が主な原因とお話ししましたが、詳《くわ》しくいえば、それに「角膜《かくまく》（黒目）」「水晶体《すいしょうたい》」を加えた3つで決まります。角膜《かくまく》と水晶体《すいしょうたい》は、目の中に入る光を曲げて、ピントを合わせる作用があります（ただ、角膜《かくまく》と水晶体《すいしょうたい》は成長過程ではほとんど変化しないので、近視が進む原因は主に「目の長さ」といえます）。

レーシックは、この中で「角膜《かくまく》（黒目）」をレーザーで削《けず》り、形を変えることによってピントの合う位置を変え、近視を矯正《きょうせい》する方法です。**「レーザーで黒目を削《けず》る」と聞くと不安に思いますが、日本では、これまで100万件以上の手術が行われ、実際に視力が矯正《きょうせい》できています。**

「痛そう！」と思われる方もありますが、麻酔《ますい》の目薬をしますので、痛みはありません（終わったあとに少しチクチクすることはあります）。

ただし、成長期が終わるころまでは目の長さが伸《の》びる（近視が進む）ことがありますので、基本は20歳を過ぎてからですね（健康保険は適用外です）。

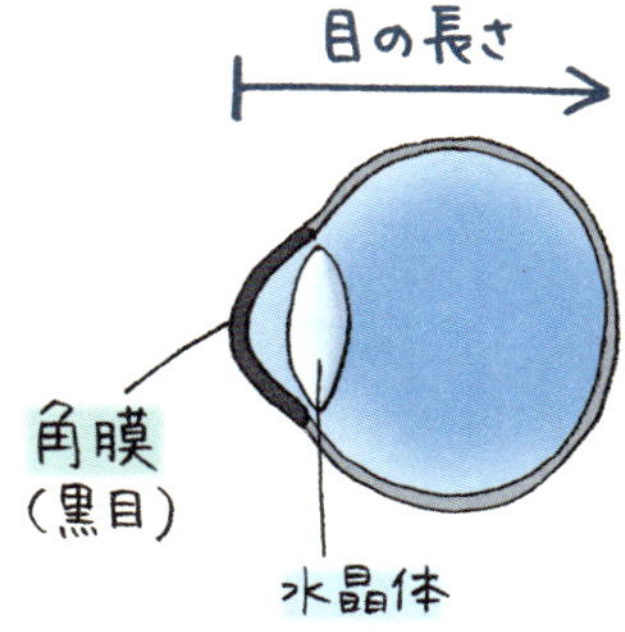

レーシックは、角膜を削ることで視力を矯正します

赤ちゃんの目が時々、斜視のように見えます

Q 産院を退院したばかりですが、赤ちゃんの目が斜視のように見えることがあって心配しています。

赤ちゃんの目で、知っておきたいこと

産院を退院したばかりのときは、赤ちゃんのちょっとしたことでも、本当に気になりますよね。

「私の子は斜視《しゃし》じゃないかしら？」と思う親御《おやご》さんは、意外と多くあります。

「斜視《しゃし》」とは、片方の目が、横や上下などの別の方向を向いていることをいいます。**生まれたてのころは、軽い斜視《しゃし》の子が多いですし、顔形の作りからそのように見えることもあります。**ちなみに生後3カ月までに、時々、斜視《しゃし》があるのは異常とはいえません（時々ではなく、ずっとあれば別です）。

斜視《しゃし》の場合、眼科医がいちばん心配するのは、「目そのものに病気がないか」ということと、「目の発達に影響《えいきょう》しないか」の2つです。どちらも問題がなければ、たとえ斜視《しゃし》でもあわてる必要はありません。

まず、自分の直感を信じましょう。何といってもお母さんは子どもの顔を毎日、見ています。目を毎日、見つめています。そのお母さんから見て「最近、赤ちゃんの目がおかしい」と思ったら、一度、受診《じゅしん》されることをお勧《すす》めします。

初めはわからなくても、こうしているうちに目が合うようになるのがふつうです

眼科

乳幼児でも、視力検査が大切なの？

Q　3歳児健診を受ける際に、自宅で視力を測ってくるように言われましたが、なかなかうまく測れないのです。大切なことなのでしょうか。

「弱視」は早期発見が大切

生まれてきた赤ちゃんは、まだ「明るい・暗い」や、ぼんやりとした輪郭《りんかく》ぐらいしか見えていません。やがて形や色が見え始め、動く物を目で追えるようになります。そして、

外の物をしっかり見ることによって、視力が少しずつ発達し、5、6歳ごろまでには、大人と同じ程度に成長します。

しかし、この時期に、目の病気などが原因で、外の物がぼやけてしか見えないと、視力が発達しなくなり、どんなメガネをかけても、どの距離《きょり》でも、1・0の視力が出ない目になってしまいます。これを「弱視」といいます。

「うちの子の目は、ちゃんと発達してるの？」と心配するかもしれませんが、乳幼児健診《にゅうようじけんしん》などでの定期的な視力検査を受けていれば、大きな問題になることはあまりないと思います。

弱視の治療《ちりょう》は、早ければ早いほど、より効果があります。3歳までは視力が測定しにくいことを考えると、3歳児健診《さいじけんしん》※が特に重要ですので、忘れず受けるようにしましょう。視

※満3歳を超え、4歳に満たない幼児が受けるもので、自治体によっては、「3歳半健診」の所もあります。

外の物をしっかり見ることによって、視力が少しずつ発達します

力を、家で測っていかなければならない場合は、下記の注意を参考にしてください。わからないことがあれば、保健師等に相談してください。

３歳《さい》児《じ》健《けん》診《しん》のときに弱視が発見されれば、早期《そうき》治療《ちりょう》ができます。そこからの訓練で視力は伸《の》びます。眼科医の指示に従い、メガネなどの治療《ちりょう》をしっかりと行いましょう（成長した子の近視のメガネは遠くを見るための道具ですが、弱視の治療《ちりょう》のメガネは薬のようなものです）。

たとえ就学時健診《しゅうがくじけんしん》で見つかっても、人の視力は８歳ごろまでは発達するといわれますので、伸《の》ばせる可能性はあります。

家庭で視力を測るときの注意点

測定しないほうの目をしっかり隠すこと

機嫌に応じて測り直すこと

どうしてこんなに「目やに」が多いの？

Q 最近、赤ちゃんの目やにが多くて気になるのですが……。

ふいたら治まる？　それとも一日じゅう出る？

大人でも「朝起きたら、目やにがある」ものですが、赤ちゃんは時々、目やにが多くて驚《おどろ》くことがあると思います。

眼科

涙《なみだ》はいつも少しずつ出ていて、目の表面を潤《うるお》し、目頭の小さな穴から管（涙道《るいどう》）を通って鼻へ抜《ぬ》けています。泣いたときに出る鼻水は、元はといえば涙《なみだ》です。この管の通りが悪いと、目やにになります。赤ちゃんは、涙道《るいどう》が細いこともあって、目やにが出やすくなるのです。特に、風邪《かぜ》を引いたり、鼻炎《びえん》になったりしたときには、涙《なみだ》も鼻へ抜《ぬ》けにくくなるので、目やにが増えます。**顔を洗ったあと、出なければ心配いりません。顔を洗ったりふいたりして清潔に保つだけでよいでしょう。**

しかし、一日じゅう、目やにが出るのは別です。これは「結膜炎《けつまくえん》」が起きている可能性があります。結膜炎《けつまくえん》とは、白目の部分に細菌《さいきん》やウイルス、何らかのアレルギーが悪さをすることです。といっても、そんなに怖《こわ》い病気ではなく、自然に治ることも多いのです。「目やに、充血《じゅうけつ》、涙目《なみだめ》」などの症状《しょうじょう》が消えるまでは、「うつるかもしれない」と考えて行動しましょう。例えば、目やにはティッシュでふいて捨てる、タオルは別の物を使用する、などです。

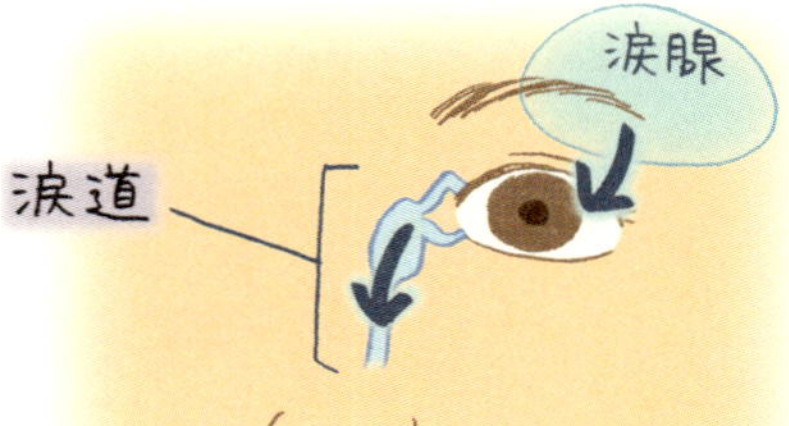

涙はいつも少しずつ出ていて、目を潤したあと、鼻へ抜けます。涙道が詰まると、目やにになります

軽いものは、家で様子を見てよいのですが、一日じゅう、目やにが多く出るとき、自分からまぶたを開けないとき、機嫌《きげん》が悪いときは、眼科を受診《じゅしん》することをお勧《すす》めします。

目の周りをこするなどして、白目がゼリーのように飛び出してくることがあります。とても驚《おどろ》きますが、白目がまぶた同様にはれているだけなので、本人がケロッとしていれば心配いりません。

おわりに

子どもも、つらい病気と闘って、がんばっています。
見守る親も、必死な思いでがんばっています。

明橋　大二

先日、近くの皮膚科《ひふか》クリニックから、あるお母さんの相談に乗ってあげてほしいと依頼《いらい》が来ました。

お子さんがアトピー性皮膚炎《せいひふえん》で、治療《ちりょう》しているが、お母さんが相当参っているようだから、という理由でした。

数日後、予約の日に訪れたそのお母さんは、今までの積もり積もった悩《なや》みを、ぽつぽつと語りだしました。

子どもがアトピー性皮膚炎《せいひふえん》で治療《ちりょう》しているが、一進一退でなかなかよくならないこと。そのうちに、ママ友から、ステロイドはよくないよ、と言われたり、義理の父から、うちの家系には、こんな子はいない、あんたの家系じゃないかと言われたり、周りから傷つくことばかり言われること。

夫は単身赴任《たんしんふにん》で頼《たよ》ることができず、相談相手も身近にいないこと……。

「そんな中で、お母さん、何とかこの子のアトピーを治してやろうと思って、一《いっ》生懸命《しょうけんめい》がんばってこられたんですね」と言うと、お母さんの目から、みるみる涙《なみだ》がこぼれてきました。

「私のせいで、この子はこうなったんです。だから、何とか私が治してやらないといけないんです」とお母さんは言われました。

聞くと、妊娠中《にんしんちゅう》に、家庭内のストレスで、食事がじゅうぶん取れなかった時期があり、そのために、この子がアトピーになったと思《おも》い込《こ》んでおられるようなのでした。


私から、決してそれがアトピーの原因ではないこと、だから、お母さんは決して自分を責める必要はないこと、むしろ、こんなにたいへんな状況《じょうきょう》の中で、それでも子どものために一生懸命《いっしょうけんめい》がんばっている自分を、ぜ

ひほめてあげてほしいこと、そして、子どもも、一進一退のように見えるかもしれないけれど、波はありながらも、いちばん悪い時期に比べたら、確実によくなっていることを、私なりに精いっぱいお伝えしたのでした。

今回、この本で取り上げた中には、アトピーやアレルギーなど、気長につきあう必要がある病気があります。

子どもがつらい思いをしていると、まず周囲は子どもに目がいって、「かわいそうに」「何で治らないのかしら」とつい言ってしまいます。

もちろん子どももつらい病気と闘《たたか》って、がんばっています。しかし、それと同じくらい、それを見守る親も、必死な思いでがんばっているのです。

そういう親のつらさや、不安がじゅうぶんに理解され、周囲からしっかり支えられることも、私は子どもの治療《ちりょう》と同じくらい、大切なことではないかと思うのです。

ぜんそく発作《ほっさ》で、夜中に何度も夜間救急に駆《か》けつけるときの、今にも呼吸が止まるのではないかという不安、体じゅうがかゆくて、かきむしるのを何とか止めようとして夜中じゅうつきあうつらさ、そういうことは、体験した者でなければ、なかなかわからないかもしれません。

しかし、そういうことが少しでも理解され、子どもとともに、親の苦労もねぎらわれたなら、そして、親に正しい知識と安心感がきちんと伝えられたなら、今より、さらに子どもを生み育てやすい世の中になるに違《ちが》いないと思うのです。

そのささやかなきっかけとなることを念じて、そして、この国に、親子の笑顔《えがお》がさらに増えることを念じて、この本を贈《おく》ります。

キズ

① 傷口が砂や泥《どろ》で汚《よご》れているときは、水道水で洗い流す。

② モイストヒーリング用のばんそうこうなどで、キズを密閉して治す。

③ 出血がひどい場合は、清潔なハンカチやタオルで直接押さえて、心臓より上に上げる。

①

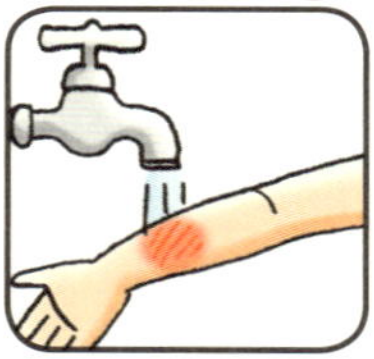

②

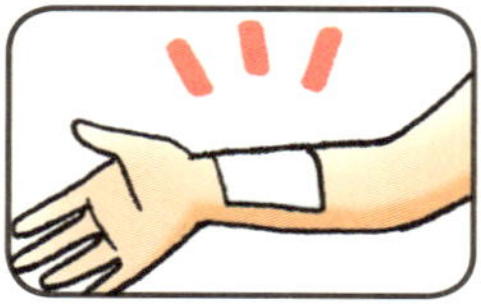

③

（受診《じゅしん》したほうがよいキズ）

＊砂や土、木片、ガラスなどが入り、水で洗い流しただけでは取れないキズ。
＊動物（特にネコ）にかまれたキズ。
＊壁《かべ》にぶつかったり、転んだりしたときの、傷口がシャープでない深いキズ。

頭を打った

①
頭を打ったとき大声で泣き、その後、機嫌《きげん》がよければ、あわてる必要はありません。
24～48時間は、食欲や顔色などに注意してください。
当日の入浴は控《ひか》えたほうがよいでしょう。

②
コブができたときは、
ぬれタオルでしばらく冷やす。

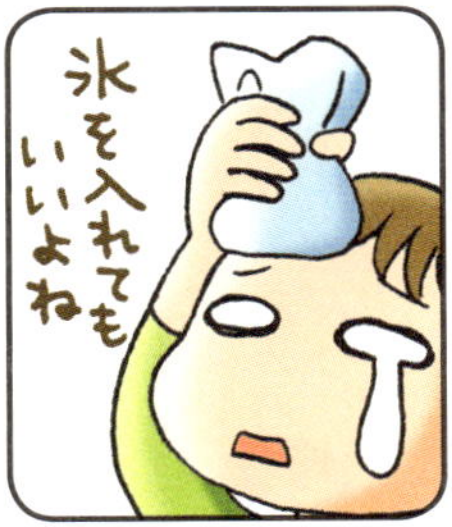

誤飲

＊まず何をのみ込《こ》んだかを確認してください。
少量の誤飲では、ほとんど無害な物もあります。すぐに吐《は》かせる物と、吐《は》かせてはいけない物もありますので、左図を参照してください。中毒110番に電話するのもよいでしょう。

●のどに詰《つ》まったときの処置

乳児
幼児
幼児
(少し大きい子)
ぐっ

●吐《は》かせる物

（吐かせ方……舌の奥のほうを、指かスプーンで押す）

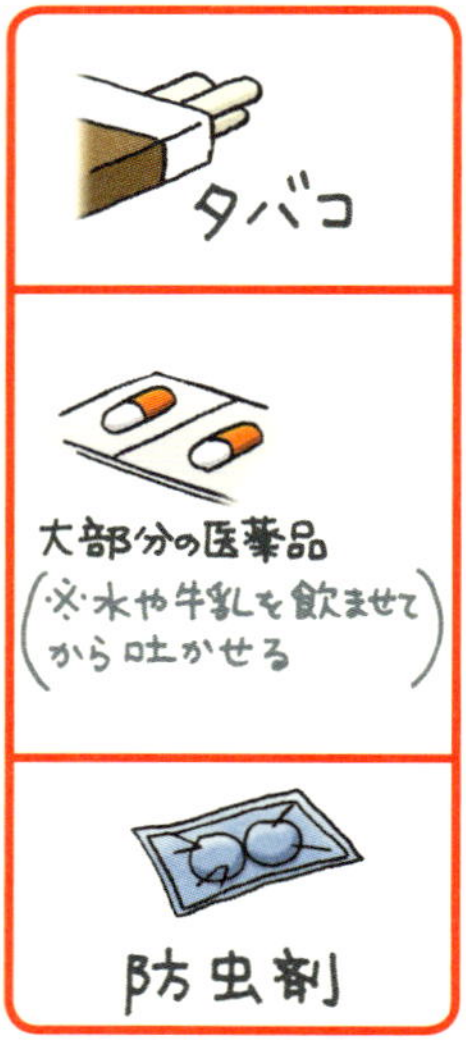
タバコ
大部分の医薬品
(※水や牛乳を飲ませてから吐かせる)
防虫剤

●吐《は》かせてはいけない物

灯油・除光液
ガソリン・ベンジン
漂白剤
強酸・強アルカリ
(※牛乳・卵白を飲ませる)

●少量の誤飲ではほとんど無害な物

中毒110番（相談は無料）

つくば：029-852-9999（365日　9～21時受付）
大　阪：072-727-2499（365日　24時間対応）

やけど

＊流水で、痛みがなくなるまで患部《かんぶ》を冷やす。

＊服の上から熱い物をかぶったときは、服のまま水で冷やしましょう。（無理に衣服を取ろうとせず、そのまま病院へ）

鼻血

＊少し前かがみにして、鼻のやわらかい部分（いちばんふくらんだところ）を両側からつまむ。

※10分たっても血が止まらない場合は、受診《じゅしん》してください。

＊ティッシュなどを詰《つ》めると、それを取り除くとき、再出血することがあります。

＊首の後ろをたたいても、鼻血を止める効果はありません。

歯が抜けた

＊永久歯の場合、そのまま牛乳に入れるか、子どもの口（舌の裏）に入れて、すぐに歯科へ持っていくと、再植《さいしょく》できる可能性があります。このとき、抜《ぬ》けた歯を水で洗ってしまってはいけません。

熱中症

＊涼《すず》しいところに寝《ね》かせ、足をやや高めにして安静に寝《ね》かせる。

＊水分と塩分を補給する（経《けい》口《こう》補《ほ》水《すい》液《えき》がいいでしょう）。

（熱中症《ねっちゅうしょう》の予防）

＊ほんの少しの時間でも、乳幼児は車の中に残していかないようにしましょう。外気が28度でも、閉め切った車内は、20～30分で42度、1時間で46～47度になります。

＊夏に戸外で遊ぶときは、つばの広い帽子《ぼうし》に、通気性・吸湿性《きゅうしつせい》のある服を着て、こまめに水分・塩分補給のための休息を取りましょう。

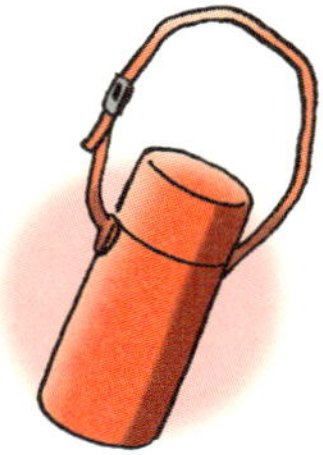

けいれん

①
平らで広い、安全な所に寝《ね》かせる。

②
衣服の首回りを緩《ゆる》める。
※これができていれば、けいれんが続いていても
あわてる必要はありません。

③
けいれんが5分以上続く場合は、救急車を。

×
子どもの口に、タオルや指をかませる。
↓けいれんで舌をかんだり、
窒息《ちっそく》することはありません。

×
大声で呼んだり、ゆすったりする。

×

×

＊熱の上がり始めにガタガタ震《ふる》えるのは、悪《お》寒《かん》です。

＊授乳中の赤ちゃんが、ブルブル震《ふる》えることがあります。これは生理的なもので、ほかに変わったことがなければ心配いりません。

あら、また!?

心肺蘇生法

＊子どもが「お風《ふ》呂《ろ》でおぼれた」「おもちゃをのどに詰《つ》まらせた」「運動中に急に倒《たお》れた」など、呼吸と心臓が止まってしまったときに行います。救急車が来るまで〝何もしない〟よりは、失敗を恐《おそ》れず、勇気を持って直ちに始めましょう。

気道確保

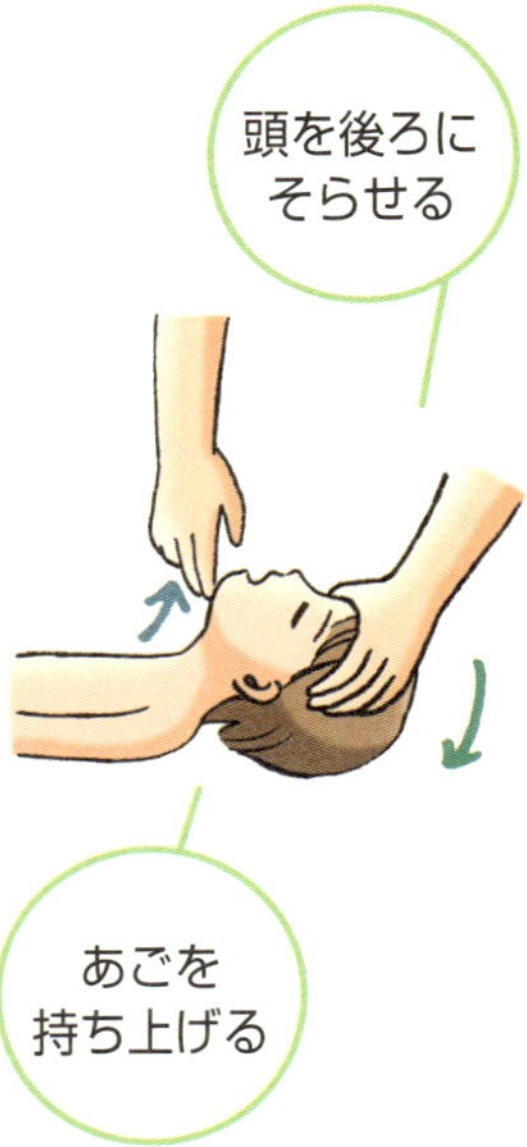
頭を後ろにそらせる
あごを持ち上げる

心臓マッサージ

乳児

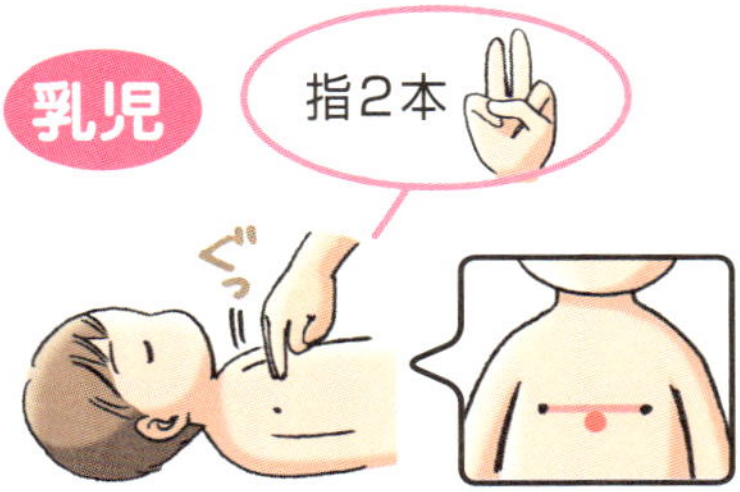
指2本
ぐっ

※ 乳頭を結ぶ線の真ん中のこころもち、下を押してください

幼児

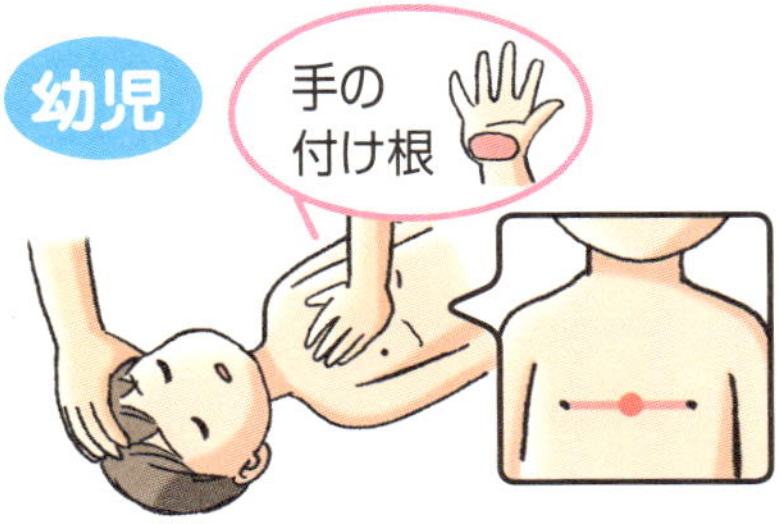
手の
付け根

※ 乳頭を結ぶ線の真ん中を押してください

強く（胸の厚みの 1/3 が沈むくらい）
早く（100 回 / 分）しっかり圧迫する

人工呼吸

乳児

口と鼻を
覆う

幼児

鼻をつまんで
口を覆う

子どもの口を大きく開け、
約 1 秒かけて息を吹き込む

30 回（心臓マッサージ） ← **2 回**（人工呼吸）

繰り返す

主な感染経路			アドバイス
飛沫	空気	接触（経口）	
○		○	インフルエンザ脳症の予後不良因子である解熱剤（ジクロフェナクナトリウム、メフェナム酸）の使用を控える。小児の解熱剤はアセトアミノフェンを使用する。異常行動を起こすおそれがあるといわれている薬の使用にかかわらず、発症後少なくとも48時間は子どもから目を離さない。
○		○	カタル期の抗菌薬が、除菌と症状軽減に有効。痙咳期に入ってからの抗菌薬は除菌効果のみ。生後3カ月から予防接種を受けることができるので、早めに受けておくとよい。
○	○	○	接触後72時間以内のワクチン接種は、麻疹の発症を防ぐ可能性があるといわれているが、家族内接触の場合、潜伏期間の接触があるため、効果はあまり期待できない。このような場合には、人免疫グロブリンで発症を防いだり、軽症化させたりすることができる。
○			母親が妊娠初期の検査で風疹ウイルスに対する免疫を持たないとわかった場合、出産後の入院中、あるいは1カ月健診で、次の出産に備えて予防接種を受けておくとよい。
○		○	はれて痛みが強ければ、頬やあごを冷やすとよい。
○			ほとんどの場合、抗菌薬の服用を開始して速やかに症状は軽快するが、処方された抗菌薬をすべてのむことが大切。
○		○	主に夏季に流行が見られるが、年間を通じて発生する。感染の拡大を防ぐため、タオルの共有は避ける。
○	○	○	接触後72時間以内なら、ワクチン接種が有効なことがある。ただし、家族内接触の場合は、潜伏期間の接触があるため、効果はあまり期待できない。
○		○	原因ウイルスが複数あるため、繰り返し発症することがある。「手足口病」といっても、必ずしも、手・足・口すべてに水疱ができるわけではない。
○		○	原因ウイルスが複数あるため、繰り返し発症することがある。口の痛みが強い場合、プリンやアイスクリームなら食べられることも多い。
		○	かかるのは、5歳未満の乳幼児（特に2歳未満）が多い。
		○	5歳以上（成人含む）も多く発症する。ノロウイルスが蓄積した食品を介して感染する。嘔吐物や便からも感染するので、吐物やおむつの扱いには注意を！　嘔吐で汚れた物は、熱か塩素系漂白剤で処理する。

子どもによくある感染症一覧

感染症名	潜伏期間	主な症状・経過
インフルエンザ	1～3日	高熱、鼻水、のどの痛み、セキなど。頭痛、筋肉痛、関節痛、嘔吐や下痢などを伴うこともある。症状が軽いケースも。
百日ゼキ	1～2週	発熱はなく、乾いたセキが、1～2週間かけて次第にひどくなっていく〔カタル期〕。特に夜中にひどくなり、発作的にせき込む特有のセキが2～3週間程度続く〔痙咳期〕。2～3週間（時に数カ月）かけて徐々にセキは軽快していく〔回復期〕。
はしか（麻疹）	1～2週	38℃の発熱、セキ、鼻水から始まる。いったん解熱するが、すぐに高熱が出て3～4日続く。高熱とともに耳後部より発疹が出て、顔→体→手足へと広がり、癒合する。3～4日の高熱の後、発疹は消退して、しばらくの間、色素沈着が残る。
三日はしか（風疹）	2～3週	熱と同時に発疹が全身に広がる。発疹は3～4日で消える。発疹は癒合せず、色素沈着も残さない。耳の後ろや、首のリンパ節がはれるのが特徴。
おたふく風邪（流行性耳下腺炎）	2～3週	耳の下やあごのはれから始まり、発熱を伴う。はれは片側だけのこともある。痛みは1週間ほど続くことも。
溶連菌性咽頭（扁桃）炎	1～4日	発熱・のどの痛みが主な症状。数日たって発疹が出ることもある。通常、セキは出ない。
咽頭結膜熱	5～7日	39℃以上の高熱が、5日前後続く。のどの痛みとともに、目の赤みや、痛み、目やになどの眼症状を伴う。
水ぼうそう（水痘）	2～3週	発疹は、虫刺されのようなかゆみを伴う紅斑から始まり、数時間～半日ほどで全身に広がる。紅斑は水疱になり、やがて枯れてかさぶたになる。発熱を伴うこともある。
手足口病	2～7日	夏に流行する風邪の1つ。手・足・口に水疱状の発疹ができる。発疹はかさぶたを作らずに治癒する。発熱は37～38℃程度。口内炎や嘔吐や下痢を伴うことがある。
ヘルパンギーナ	2～7日	夏に流行する風邪の1つ。突然の39℃以上の発熱が、1～3日程度続く。のどに水疱・潰瘍ができる。強い痛みのために食事が取れなくなることもある。
ウイルス性胃腸炎 ロタウイルス	1～3日	白っぽい下痢便が特徴とされている。下痢は1週間以上長引くこともある。嘔吐を伴うことも多く、通常、半日～1日程度で治まるが、時に、それ以上続くこともある。
ノロウイルス	1～2日	主な症状は嘔吐と下痢。発熱（あまり高くないことが多い）、頭痛、倦怠感を伴うこともある。嘔吐は通常、1～2日程度で治まる。ロタウイルス腸炎よりも症状は比較的軽い。

知っ得小児科関連サイト

▶夜間や休日などの診療時間外に病院を受診するかどうか、判断の目安を知りたい

【ウェブサイト こどもの救急（公益社団法人日本小児科学会）】

▶子どもの急な病気に困ったら

【子ども医療電話相談事業［#8000］（厚生労働省）】

▶各都道府県（一部市）の救急医療情報や休日・夜間情報が掲載されているサイトを知りたい

【WAM NET 各都道府県の救急・夜間診療情報（独立行政法人福祉医療機構サイト内）】

▶化学物質（タバコ・家庭用品）、医薬品、動植物の毒などをのみ込んだとき

【財団法人　日本中毒情報センター】

▶予防接種について知りたい

【感染症情報センター (IDSC) の予防接種のページ（国立感染症研究所）】

▶乳幼児期の事故防止と災害対策について知りたい

【乳幼児の事故防止と災害対策（東京都福祉保健局）】

〈参考資料〉

●小児科

飯野靖彦『一目でわかる水電解質』メディカル・サイエンス・インターナショナル、2013年

日本外来小児科学会(編著)『お母さんに伝えたい 子どもの病気ホームケアガイド[第4版補訂]』医歯薬出版、2013年

海老澤元宏ほか「食物アレルギーの診療の手引き2017」2017年

●耳鼻科

切替一郎(原著)野村恭也(監修)加我君孝(編集)『新耳鼻咽喉科学[改訂11版]』南山堂、2013年

日本耳科学会・日本小児耳鼻咽喉科学会・日本耳鼻咽喉科感染症・エアロゾル学会(編)『小児急性中耳炎診療ガイドライン2018年版』金原出版、2018年

鼻アレルギー診療ガイドライン作成委員会『鼻アレルギー診療ガイドライン2016年版』ライフ・サイエンス、2016年

ARIA日本委員会『ARIA2008〈日本語版〉』協和企画、2008年

●皮膚科

竹原和彦『「アトピー」知って! アトピー性皮膚炎の真実』芳賀書店、2000年

原田昭太郎(監修)川島眞ほか(編)『アトピー性皮膚炎 よりよい治療を求めて』インテンディス、2002年

「アトピー性皮膚炎診療ガイドライン2018」(『日本皮膚科学会雑誌』128-12)2018年

『臨床皮膚科』60-3、医学書院、2006年

●歯科

花田信弘(監著)武内博朗・野村義明・泉福英信(編著)『歯科発アクティブライフプロモーション21』デンタルダイヤモンド社、2017年

『ザ・クインテッセンス』35-5 1019-1049、クインテッセンス出版、2016年

『ザ・クインテッセンス』36-5 0978-0994、クインテッセンス出版、2017年

『ザ・クインテッセンス』37-8 1762-1776、クインテッセンス出版、2018年

『デンタルハイジーン』39-4 366-382、医歯薬出版、2019年

●眼科

日本眼科学会屈折矯正手術に関する委員会「エキシマレーザー屈折矯正手術のガイドライン」(『日本眼科学会雑誌』113-7)2009年

大野京子(編)『眼科診療クオリファイ28 近視の病態とマネジメント』中山書店、2016年

鳥居秀成「バイオレットライトと近視進行抑制」(『あたらしい眼科』34-10 1371-1378)2017年

David Taylor・Jane Walker・Christine Timms(著)瀧畑能子(訳)『斜視—Q&A101』メディカル葵出版、2006年

Chua WH et al. Atropine for the treatment of childhood myopia. Ophthalmology 2006:113:2285-2291

Rose KA et al. Myopia, lifestyle, and schooling in students of Chinese ethnicity in Singapore and Sydney. Arch Ophthalmol 2008:126(4):527-530

Jones LA et al. Parental history of myopia, sports and outdoor activivies, and future myopia. Invest Opthalmol Vis Sci 2007:(48):3524-3532

本書は、「子育てに関わる方に、まず知ってもらいたい」という基本の事柄を記してあります。医学事典とは異なりますので、さまざまな病気の詳細や、特別な対応を要することには触れておりません。また、本書だけで、子どもの病気・事故のすべてに対処できるものでもありません。あらかじめ、ご了解を頂けましたら幸いです。読者の皆様の忌憚なきご指摘、ご意見もお願いいたします。また、314ページに記載されている、「知っ得小児科関連サイト」のご利用につきましては、各サイトのご利用条件をよく了解されたうえ、ご自身の責任のもとにご利用ください。なお、サイトの中には年月がたつと閉鎖されるものもありますので、ご了承ください。

イラスト

太田　知子（おおた　ともこ）

昭和50年、東京都生まれ。
２児の母。
イラスト、マンガを仕事とする。

小さい子どもは
本当によく体調を
崩しますね。
子どもを持って
初めてわかる
苦しみです。
全国のパパとママに
エールを！

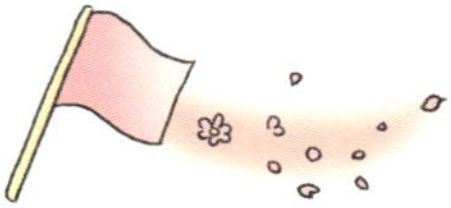

当時1歳だった子どもを保育園に預け、小児科の巻、打ち合わせ会合――
風邪《かぜ》は人にうつすと治るって本当ですか？
……私にはうつさないでくださいね
RRR
――えっ？
ガ――ん
すみません……子どもが熱を出しました
治っても3日めになると……
RRR
2カ月間、あらゆる感染症《かんせんしょう》のオンパレード
ひぃぃぃ――
締め切りが――っ
体験が、そのまま本書のマンガとなったのでした……

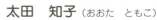

著者略歴

【小児科】　吉崎　達郎（よしざき　たつお）

昭和48年、徳島県生まれ。小児科医。

大阪大学医学部卒業。

大阪大学医学部附属病院産婦人科、市立吹田市民病院産婦人科、阪南中央病院小児科をへて、真生会富山病院小児科。

医学博士。

【相談室】　明橋　大二（あけはし　だいじ）

昭和34年、大阪府生まれ。心療内科医。

京都大学医学部卒業。

国立京都病院内科、名古屋大学医学部附属病院精神科、愛知県立城山病院をへて、真生会富山病院心療内科部長。

ＮＰＯ法人子どもの権利支援センターぱれっと理事長、富山県虐待防止アドバイザー、富山県いじめ問題対策連絡会議委員。

著書『なぜ生きる』（共著）

　　『子育てハッピーアドバイス』シリーズ
　　『見逃さないで！ 子どもの心のSOS　思春期にがんばってる子』

訳書『ひといちばい敏感な子』など。

【耳鼻科】　真鍋　恭弘（まなべ　やすひろ）

昭和36年、香川県生まれ。耳鼻咽喉科医。

福井医科大学（現在の福井大学）医学部卒業。

湖北総合病院耳鼻咽喉科、福井医科大学附属病院耳鼻咽喉科をへて、真生会富山病院耳鼻咽喉科部長兼院長。

医学博士。日本耳鼻咽喉科学会専門医。

徳永　貴広（とくなが　たかひろ）

昭和50年、神奈川県生まれ。耳鼻咽喉科医。

富山医科薬科大学（現在の富山大学）医学部卒業。

福井大学医学部附属病院耳鼻咽喉科・頭頸部外科、舞鶴共済病院耳鼻咽喉科をへて、真生会富山病院耳鼻咽喉科。

医学博士。日本耳鼻咽喉科学会専門医。日本アレルギー学会専門医。

著書『あんしん健康ナビ　花粉症・アレルギー性鼻炎』

【皮膚科】 **花川　博義**（はなかわ　ひろよし）

昭和42年、岡山県生まれ。皮膚科医。

福井医科大学（現在の福井大学）医学部卒業。

金沢大学附属病院皮膚科、富山市民病院皮膚科、舞鶴共済病院皮膚科、能登総合病院皮膚科をへて、真生会富山病院皮膚科医長。

皮膚科専門医。

著書『あんしん健康ナビ　アトピー性皮膚炎』

『あんしん健康ナビ　皮ふと健康 おトク情報』

【歯　科】 **花崎　広子**（はなさき　ひろこ）

昭和35年、香川県生まれ。歯科医。

徳島大学歯学部卒業。

開業医勤務をへて、真生会富山病院歯科。

【眼　科】 **植田　芳樹**（うえた　よしき）

昭和56年、滋賀県生まれ。眼科医。

大阪大学医学部卒業。

富山大学附属病院眼科をへて、真生会富山病院アイセンター副センター長。

眼科専門医。

橋本　義弘（はしもと　よしひろ）

昭和36年、兵庫県生まれ。眼科医。

福井医科大学（現在の福井大学）医学部卒業。

金沢大学附属病院眼科およびその関連病院をへて、真生会富山病院副院長。

眼科専門医。

舘　奈保子（たち　なおこ）

昭和33年、広島県生まれ。眼科医。

神戸大学医学部卒業。

京都大学眼科学教室およびその関連病院、愛知医科大学眼科学教室をへて、真生会富山病院アイセンター長（眼科部長）。眼科専門医。

富山県眼科医会理事。金沢医科大学非常勤講師。

大連医科大学客員教授。瀋陽市第四市民病院客員教授。黄河三門峡病院客員教授。

著書『40代から高まる失明のリスク』

子育てハッピーアドバイス
知っててよかった 小児科の巻 増補改訂版

令和元年(2019) 7月23日 第1刷発行

著 者 吉崎 達郎 明橋 大二 ほか
イラスト 太田 知子
発行所 株式会社 1万年堂出版
〒101-0052 東京都千代田区神田小川町2-4-20-5F
電話 03-3518-2126
FAX 03-3518-2127
https://www.10000nen.com/

印刷所 凸版印刷株式会社

ISBN978-4-86626-049-5 C0037 Printed in Japan